政治はどこまで社会保障を変えられるのか

政権交代でわかった政策決定の舞台裏

山井和則［著］
YAMANOI Kazunori

ミネルヴァ書房

◁社会保障の充実・維持のために
消費税増税を決意した野田総理
（2012年11月16日解散当日）

▽自民党政権に戻り、消費税増税が
社会保障以外に流用されつつあり
ます（2014年３月28日衆議院予算
委員会にて安倍総理と論戦）

△選挙戦最終日の晩（2012年12月15日）

▽当選直後、選挙事務所にて（2012年12月16日）

まえがき

なぜ、本書を書こうと思ったのか？　それは、二〇〇九年の政権交代により、社会保障政策がどう変わったのか？　変わらなかった部分はどこなのか？　どのようにして政策を転換したのか？　どんな壁にぶち当たったのか？　これらを誰かが歴史に残さねばならないと感じたからです。

二〇〇九年の民主党への政権交代の意義や限界の検証、そして、それまでブラックボックスであった社会保障の予算や法律の政策決定過程を、赤裸々にノンフィクションで書きたい。そのような史上初の試みが本書です。

幸いにも私は、二〇〇九年九月の政権交代直後に、長妻昭厚生労働大臣のもと、厚生労働大臣政務官に就任し、大臣補佐官のような立場で、地元に帰る以外の一年間の大部分の時間を、朝から晩まで、週末も元旦も、長妻大臣と行動を共にしました。厚生労働大臣室や国会審議の場で、社会保障に関するほとんどの重要な政策決定の現場に立ち会い、関与しました。

その中で、日本の国の社会保障の政策決定過程の現場を経験しました。

本書は理論書ではありません。ノンフィクションの実録です。

日本では、どのようなプロセスで、政治力学で、霞が関の掟（おきて）で、社会保障政策が決定されているのか？　そのブラックボックスの中を知って頂き、今後の社会保障の向上に結び付けたい。これが本書を書くに至った動機です。

政権交代後に年金、医療、介護、子育て支援、福祉、雇用など、多くの政策を一気に方針転換をしました。うまく行ったものも、行かなかったものもあります。過去一五年間の私の国会活動の中で、特に、政権交代前後の政策決定の内幕を書きました。

野党時代と与党時代とで、役割や権限はどのように変わったのか？　また、厚生労働大臣政務官になることによって、実現できたこと、できなかったこと。どんな壁があったのか？　なぜ消費税増税を決断したのか？　政権交代がなければ消費税増税は行われていなかったのではないか？

のちに述べるように、私は「福祉バカ」と言われるくらい、社会保障をライフワークとして、人生を賭けて取り組んできた人間です。日本の社会保障を良くしたい！　という一念で、政治家を志し、一〇年間は野党、その後、三年三か月は与党、そして今は再び野党です。

野党時代は外から厚生労働省を「消えた年金問題」などで厳しく追及していた私が、逆に、政権交代により、厚生労働大臣政務官として、厚生労働省の中に入り、政策決定の中枢にかかわる立場になりました。野党時代には全く理解できなかった厚生労働省の政策決定過程が、一年間、政務官として長妻大臣を補佐することにより、表から裏まで、かなり理解できました。

本書は暴露本ではありません。回想録でもありません。私はまだまだ現役の衆議院議員で、これからが本番です。内幕を暴露して厚生労働省をやっつけよう、などという考えは毛頭ありません。ただ今までブラックボックスであった厚生労働省の政策決定過程や、政権交代直後の改革の舞台裏を明らかにすることが、必ずや日本の社会保障の向上につながると信じて、本書を書くに至りました。ぜひ、最後までお目通し頂けますよう、お願い申し上げます。

大学時代に母子寮で出会った子どもたち

本文に入る前に、長くなりますが、少し私の自己紹介を書かせていただきます。工学部出身の私が、なぜ、政治を志したのか？　その原点は、学生時代に母子寮（当時、現在は母子生活支援施設）という児童福祉施設でボランティアをしたことがきっかけです。

ごく普通のサラリーマンの息子であった私は、化学会社に勤める父親の背中を見て育ち、自然と大学は工学部に進み、大学院でも酵母菌の研究をしていました。そのまま行けば、化学やお酒、薬品関係の会社に就職するはずでした。政治には関心のない家庭に育ち、私自身も全く政治には関心を持っていませんでした。

高校は厳しい仏教の高校で、恩師からは、日々、「菩薩になれ」「社会のぞうきんになって、社会をきれいにする生き方をせよ」「社会に献身せよ」と教えを受けました。

その教えを受けた私は、大学に入学して受験勉強から解放され、何かボランティアをしたいと思いました。そんな時、「子どもたちと遊びませんか？」というボランティアサークルのポスターを大学構内で見つけたのです。「子どもと遊ぶボランティアなら、自分にもできそう」と思い、大学一年の四月に初めて母子寮を訪問しました。

母子寮の入り口で最初に出迎えてくれたのは、小学校低学年のかわいい顔をしたみどりちゃん（以下、仮名）でした。「お前、何しに来てん!?」と、私をにらみつけるみどりちゃん。

「お兄さん、一緒に遊ぼう」と、子どもたちが駆け寄ってきてくれることを期待していた私はショックを受けました。その後、学生時代、ずっと私は、毎週水曜と土曜の夕方にこの母子寮を訪れ、子どもたちとドッヂボールをしたり、折り紙をしたり、鬼ごっこをして遊びました。

やさしい元気な子どもたちが大部分でしたが、中には、言葉づかいが乱暴な子ども、ケンカっ早い子ども、遊びの輪に加わらない子どももいました。中学生のさとみちゃんは、小さい頃に父親から虐待されたことが原因で、不登校になってしまいました。崩壊家庭の子どもは、心に大きな傷を負い、人間不信になってしまうのです。

すぐに女の子を殴り、みんなから嫌われていたひろし君は、昔、父親がお酒を飲んで母親を殴る姿を見て育ち、知らず知らずのうちに、女の子を殴る習慣が身についてしまったのでした。「乱暴な子どもが多い」と、当初感じていた私でしたが、一人ひとりの子どもたちの家庭の事情を知るにつけ、荒れる子どもたちも被害者なのだ、と感じるようになりました。冒頭のみどりちゃんも、母親が育児放棄で、小学生ながら、食事の準備やお皿洗い、妹、弟の世話をしていました。

母子寮には、当時、ただ貧困という理由だけでなく、夫のDVから逃れてきたお母さんや、サラ金被害に遭ったお母さん、親や子どもに軽い障害のある母子家庭が二〇世帯くらい住んでいました。私が一番、心を痛めたのは、父親から母親へのDVを目の前で見たり、親からの虐待を受け、心に傷を負い、人間不信に陥っている子どもたちがいたことです。さらに、子どもたちが勉強したいと思っても、家の中が混乱し、勉強できる環境ではない家庭も多いのです。インスタント食品ばかりで、栄養のあるまともな食べ物をほとんど食べさせてもらえない家庭もありました。

私は六年間、母子寮でボランティアをする中で、なんとかこの子どもたちを幸せにしたい、幸せにせねばならないという使命感のようなものを持つようになりました。このような家庭的なハンディキャップを負った子どもたちが、どうしたら幸せになれるのか？　母子寮をいずれ退所した後、社会の荒波の中で、人間不信で人付き合いの苦手な子どもたちはうまく生きていけるだろうか？　私は、悩みました。同時に、世の中では、「家庭が子育てに責任を持つのが当たり前」「自助努力が大切」とよく言われますが、崩壊家庭に育った子どもたちはどうするのか？　自助努力といっても、小さな子どもたちには限界があります。自助努力だけでは、到底乗り越えられない、一つどころではない、二つ、三つのハンディキャップを子どもたちは背負っています。

子どもたちを守りたい

親だけの力で子どもたちを守れないなら、親以外の誰かがサポートするしかないのです。社会が子どもたちを愛を持って、支えるしかないのです。あどけない子どもたちの笑顔を見ながら、私は、子どもたちを幸せにするために、自分の人生を使いたいと思うようになりました。また、母子寮に暮らすお母さんたちも、必死に自分の人生を立て直し、子どもたちを幸せにしたいと頑張っていました。しかし当時から、小さな子どもを抱えたお母さんは、正社員にはなりにくく、給料も少なく、生活は苦しかったのです。夕方、仕事を終えて、疲れて帰ってくるお母さんを、母子寮で私が子どもたちと一緒に、「お帰りなさい」と、出迎えることもよくありました。その時の、お母さんたちの笑顔が今でも忘れられません。

学生時代に飲み会などで、母子寮の子どもたちの話をすると、「山井の話は暗いなあ。今の時代、本当にそんなに困っている子どもたちがいるのか？」と、よく言われました。確かに、明るく自由で華やかな大学キャンパスとは全く違う厳しい現実が母子寮にはありました。何かの縁で、そのような厳しい現実を目の当たりに見てしまった以上、子どもたちやお母さんたちのSOSを聞いてしまった以上、知った者の責任として、この問題を自分の人生の中で放っておくことはできないと思うようになりました。悩んだ私は、大学卒業後、母子寮に就職し、子どもたちのために生きようかとも一時期、考えました。

その母子寮の職員は、「泣いているのはいつも子どもと女性。政治家は、票にもお金（献金）にもならない母子寮にはほとんど来てくれない」と、嘆いていました。当時は、政治家の金権スキャンダルがマスコミをにぎわせ、「金権政治」が問題となっていました。私は、「そうか。本来、困っている子どもたちを救う責任のある政治家が、福祉には関心が低いのが問題だ。票やお金になりにくい問題に政治家が取り組まないと、困っている子どもたちは救えない」と感じました。確かに、私一人が、母子寮の職員になっても、数十人の子どもの応援はできますが、日本中の苦しんでいる子どもの応援ができるわけではありません。

さらに、母子寮ボランティアを通じて痛感したのは、母子寮の職員の数の少なさでした。そもそもなぜ、学生ボランティアが子どもたちと遊びに母子寮に来ているかといえば、母子寮の職員の数が少なく、一人ひとりの子どもたちとゆっくり遊んだり、話す時間がないことも一つの理由なのです。

学生ボランティアの目から見ても、日々、子どもたちと接する中で、この子どもは今日はちょっとおかしいな、何か悩んでるな、落ち込んでるな、荒れてるな、何か家庭内で問題があるのではないか、と心配に感じることは多いのです。そんな時に、早めに子どもたちと向き合い、話をし、悩みを聞くことができれば、子どもたちは落ち着きます。しかし、それができないままに放置すると、気が付けば、学校で問題を起こしたり、非行事件を起こしたり、逆に、閉じこもってしまい不登校になってしまうケースもあります。だからこそ、母子寮の職員の数を増やすこと、児童福祉施設の人員配置基準を引き上げることが、一つの解決策であり、私一人が職員になるだけでは、全く追いつかない問題なのです。しかし、児童福祉施設の予算や人員配置基準という問題は、政治家にとって関心の低い問題です。

当時、私は工学部の学生で、政治の知識は恥ずかしながら、ほとんどありませんでした。しかし、子どもたちを幸せにするには、政治の力が必要ではないかと思い始めたのです。そんな時、大学の構内に「二一世紀の日本を良くする若者よ、来たれ！　松下幸之助　松下政経塾七期生募集」というポスターが貼ってあるのを見かけました。

政治家をめざして高齢者福祉を現場で学ぶ

「これや！　松下政経塾に行けば、なぜ日本の福祉が遅れているのか、弱い立場の人たちも幸せにできる政治はどうすれば実現できるのかを、学べるのではないか」と考え、松下政経塾に七期生として入塾することになりました。

また、私が福祉と政治に関心を持ったもう一つのきっかけは、私の祖母が長年の寝たきりの末に亡くなったことです。寝たきりの祖母の姿を見て育ち、子どもながらに「このままでは、日本の将来は大変なことになる。寝たきりであるおばあちゃん本人も大変だけれど、介護する家族も大変だ」と痛感しました。母子寮の子どもたちとの出会いに加えて、寝たきりの祖母との生活により、私は、「最も政治の力を必要とする人々は、最も政治から遠いところにいる」と、感じるようになりました。実際、寝たきりの祖母が、政治家に影響力を与えることは、あり得ませんし、介護している家族の声が政治家に届くわけでもありません。寝たきり高齢者の介護の問題は、政治家にとっては、票やお金になりにくい問題です。

松下政経塾は全寮制で五年間ですが、松下幸之助塾長の「現地現場主義」という教えがあります。私は政治や経済、外交の勉強に加え、一九八八年以降、日本各地の老人ホームで実習をし、高齢者福祉を学びました。

老人ホームや老人病院で朝から晩まで、入浴介助、食事介助、おむつ交換をしながら、「家に帰りたい！」「家族がお見舞いに来てくれない」と嘆くお年寄りの声を何度も聞きました。また、在宅介護の現場をホームヘルパーさんと一緒に回り、おばあさんがおじいさんを介護し、介護していたおばあさんが介護疲れにより倒れてしまったケースにも何度も出会いました。入浴介助、食事介助、オムツ交換など、すべて中腰で行う仕事で、実習中に私は腰痛で何度も倒れました。そんな中、おしっこやウンチにまみれながらも、必死で優しく介護する介護職員の方々の姿は輝いて見えました。しかし、そんな介護職員の方々の賃金は極めて低かったのです。

私は、松下政経塾の塾生として、一九八九年三月から、単身、アメリカ、イギリス、スウェーデンなどの老人ホームで八か月にわたって実習をし、世界の高齢者福祉の現状を学びました。さらに、その後、スウェーデンに二年間留学し、社会保障政策について学びました。そんな中で、改めて日本の高齢者福祉が遅れていることを痛感しました。正確に言えば、日本の介護職員の方々の優しさ、頑張りは世界一です。しかし、先進諸国の中では日本の介護現場は、人手が少なく労働環境が悪く賃金が低いのです。特にスウェーデンでは、社会保障に強い国会議員が多く、しっかりとした政策論争を国会でしていました。私は、日本の高齢者福祉の遅れの原因も政治にあるのではないかと感じました。つまり、母子寮ボランティアで感じたのと同じように、票にもお金にもなりにくい問題は、日本の政治家は関心が低く、後回しにされているのではないか？　と感じたのです。

福祉に取り組む政治家になる

松下政経塾時代に、私は友人からよく言われました。「山井の取り組んでいる問題は、暗い。貧しい母子家庭の問題や虐待された子どもの問題、寝たきりや認知症のお年寄りの問題。これらは、政治の問題というよりは家庭の問題ではないか。少なくとも国会の課題ではない。もっと夢があって明るい問題に取り組むのが政治ではないか？」と。

しかし、思うのです。最も政治の力を必要としている問題は、暗く、地味なものではないか、と。貧困、介護、借金、失業、病気、障害、虐待など。そして、虐待された子どもや寝たきりのお年寄りのように、最も政治の力を必要とする人々は、最も政治から遠い所にいるのではないかと感じました。票にもお金にもならない、暗くて地味な問題に取り組む政治家が増えないと、困っている人は救えないのではないか、と感じました。蓮《はす》が、泥の中から美しい華《はな》を咲かせるように、暗い問題に最優先で取り組む政治が、世の中を明るくすると私は考えました。「社会の雑巾（ぞうきん）になって、社会をきれいにする生き方をせよ」という高校の恩師の言葉を、思い出しました。

スウェーデン留学から帰国した私は、大学講師として、高齢者福祉を教えたのち、一九九五年九月一五日「敬老の日」に大学を辞し、政治活動に入りました。翌一九九六年に最初の衆議院選挙に三四歳で出馬し、落選。その後、二〇〇〇年の選挙で初当選して以来、五期一五年間、国会議員として社会保障分野を中心に働いています。

政治で社会保障は変えられるか?

本書は、政策理論の本ではありません。過去一五年間の中で、特に私が政務官や与党議員であった際に、社会保障の法律や予算がどのように決まったのかという実体験を書かせて頂きました。本書を通じて、我が国の社会保障政策がどのように決まっているのかという実態を知って頂き、「政治は、どこまで社会保障を変えられるのか？　変えられないのか？」という政治の可能性と限界を検証することは、日本の社会保障の充実にとって、有意義なことではないかと考え、本書を書くに至りました。

消えた年金問題、生活保護の母子加算の復活、障害者福祉サービス一割自己負担の無料化、低所得の父子家庭への児童扶養手当の創設、一〇年ぶりの診療報酬の引き上げ、介護職員の賃金引き上げ、肝炎対策、雇用・労働政策などについて書かせて頂きました。

なお、本書で書いた施策一つひとつは、多くの関係者の方々のおかげで実現したものです。本来ならば、かかわられた方々のお名前をお一人おひとり、明記すべきなのですが、事実上、それは不可能ですので、最初にお詫びを申し上げたいと思います。話をわかりやすくするために、あえて登場人物も少なくしています。何か山井一人で仕事をしたような内容になっている面もあるかと思いますが、失礼をお許しください。

最後になりますが、本書を手にとってページを開いていただいた皆さんに、お礼を申し上げます。拙い書ですが、お目通し頂きますよう、心よりお願い申し上げます。

合掌

山井和則

目次

第2章　厚い財源の壁と戦う

第3章 変えられなかったこと

第4章 二〇一四年の国会で、私が取り組んだこと

第Ⅱ部　政治で社会保障を変える

第5章　私が政治を志した原点

第6章　命を救う政治

コラム

カバー写真・本文中の主な写真撮影：倉田亜希

第Ⅰ部　政治で変えられたこと、変えられなかったこと

第1章　最も政治の力を必要とする人々は、最も政治から遠いところにいる

1 「消えた年金」問題の発覚

問題のはじまり

過去一五年間の私の国会活動の中で一番激しく大きな戦いの一つが、「消えた年金」問題でした。二〇一四年三月までに三二四万人の年金が復活し、その総額は約二・二兆円です。

「山井さん、大変なことが明らかになりつつある。持ち主不明の年金記録が一〇〇〇万件から五〇〇〇万件くらいあるらしい。この問題が明らかになれば政権が倒れるくらいの大問題になるんじゃないか」。二〇〇六年、夏のある日、私の親友である衆議院議員の長妻昭さんが私の国会事務所に来て、初めて「消えた年金」問題についての話を聞きました（資料1-1）。長妻さんと私は同じ二〇〇〇年初当選の同期で、一緒に年金改革などに取り組んでいました。

しかし、長妻さんの話を聞いても、私はピンと来ませんでした。

「持ち主不明の宙に浮いた年金記録があるということはどういうことですか」と聞く私に、長妻さんは、「宙に浮いた年金記録の持ち主は、正しい年金がもらえていない可能性がある。社会保険庁に聞いても、年金記録はコンピュータに正しく記録されていて、正しい年金が払われています、の一点張りなんです」

「でも、年金が消えているということは、さすがにないでしょう?」と私。長妻さんは、「最近私のところに、払ったはずの期間の年金記録が消えていて正しい年金がもらえない、という陳情が増えているんです。最初はその高齢者の記憶違いかと思ったのですが、同じような苦情がかなり増えているんです。本当に年金が消えているんじゃないですか?」

「消えた年金記録」「年金が消える」。そんなバカな。

長妻さんによると、社会保険庁（当時、以下同）は、「今まで五件くらいは、確かに年金記録の不備が見つかったケースがありますが、例外中の例外」と言って

資料 1-1　年金額訂正 3 万 3900 件

社保庁

年金額訂正3万3900件

昨年度　未払い大量発生の疑い

社会保険庁が二〇〇五年度だけで、すでに年金を受け取っている人の年金額や加入期間を三万三千九百二十五件訂正していたことが明らかになった。年金の加入記録に漏れが見つかったことなどが原因。年金額を確定する受給手続き時のチェックでも記録漏れが見逃されていたことになり、公的年金で多数の未払いが生じている疑いが強まった。（解説3面に）

〇五年度の訂正件数は社保庁の内部調査で分かった。未払いと過払いの両ケースが考えられるが、それぞれの件数は不明としている。〇五年度以前も訂正があったとみられ、受給者の全数調査を求める声も出そうだ。

社保庁は五十八歳時点での加入記録を通知する制度を〇四年三月に始めたが、二年半で三十六万六千人が再調査を請求した。今回、本来の年金額を受け取っていなかったケースが多数あることが判明し、再調査を求める人が増える可能性がある。

年金記録のチェック体制

20歳～受給開始年齢	希望者にネットや郵送で加入記録を開示
35歳～受給年齢	「ねんきん定期便」。毎年、加入記録や支給見込額(55歳以上)を通知。2007年に導入し、対象年齢を順次拡大
58歳	加入記録などを通知。記録に不一致があれば訂正を請求
受給開始手続き時	窓口などで加入記録を職員と本人が確認し、年金記録を確定

↓

年金額を計算

年金は、受給手続きをする際に社会保険事務所などで職員と本人が加入記録を確認したうえで金額を計算する。支給開始後に、保険料を払っていたにもかかわらず反映されていない期間などが判明した場合は、計算をやり直して金額を修正。原則五年前までさかのぼって精算する。

社保庁は一九九七年に一人に一つの基礎年金番号を導入するまで、複数の番号で記録を管理していた。例えば転職を繰り返した人なら複数の年金番号を持っており、記録も分かれている。

社保庁は記録の統合を進めているが、コンピューターへの入力ミスや企業の届け出書類の不備などが原因で、多数の統合漏れが残っている。

出所：『日本経済新聞』2006年11月24日。

写真 1-1
▷社会保険協会の年金台帳倉庫。

いる。では、持ち主がわからない年金記録は誰のものなのか。せっかく働いて年金保険料を払ってきたのに、その分の年金記録が消えて、年金がもらえないとしたら、大変な問題だと、その時思いました。

長妻さんは、その年の二〇〇六年六月一六日に最初にこの「宙に浮いた年金記録」の国会質問を厚生労働委員会でしましたが、社会保険庁の村瀬長官からは、「すでにお亡くなりになっている方等が多いんだろう。早急に把握させていただきたい」という答弁でした。「宙に浮いた年金記録」、「持ち主が不明の年金記録」、「消えた年金記録」などと議論しながら、長妻さんから、「これは、『消えた年金』問題ですね。山井さん、一緒にやりましょう」と言われました。この時、翌二〇〇七年に流行語大賞にもなった「消えた年金」という言葉が生まれました。

持ち主不明の記録が五〇〇〇万件――「消えた年金」問題へ

その後、正式に社会保険庁が「持ち主不明の年金記録が五〇〇〇万件ある」と認めたのは、翌二〇〇七年二月でした。しかしその時点でも、社会保険庁の見解は「年金記録は正しい」というものでした（写真1-1）。

社会保険庁の担当者も、「五〇〇〇万人の年金記録が消えている、ということではありません」と、「消えた年金」問題を否定していました。マスコミも当初は、「本当に年金は消えているのか？」と半信半疑で、あまり報道しませんでした。

そんな中、テレビ番組で、年金記録が消えている被害者の実例が報道され始めました。

私も最初は半信半疑でしたが、実際に年金記録が消えていた被害者の話を聞いて初めて、「これは大変な問題だ。いったい被害者は何人いるのか？」と、危機感を持ちました。

私がお目にかかった高齢者のAさんは、払ったはずの年金保険料が五年半「未納」となっていて、二五〇万円分が消えていました。つまり、月に一万七〇〇〇円くらい、年間約二〇万円、六五歳から八五歳まで二〇年間、年金を受給すると考えると、二五〇万円くらいの年金が生涯消えていることになるのです。

このAさんは役所に相談に行っても、「五年以上前の書類はない」と相手にしてもらえないのです。

このAさんのみならず、消えた年金の被害者の方々には、テレビなどの取材も殺到しました。実際に勇気を持って被害者が名乗り出たことで、「消えた年金」問題は一気に社会問題となりました。

五月の連休明けには、

「そう言えば、私の年金記録も消えている」
「払ったはずなのに、四〇年前の領収書を出せと言われても」
「真面目に払ってきたのに、『二〇歳から五年未納』と社会保険事務所で言われて泣いてしまいました」
「未納期間があると社会保険事務所（当時、以下同）で急に言われて、一銭も年金がもらえなくなった」
「時効で受け取れなくなった年金が五四六万円。何とか助けてください！」
などの悲鳴にも似た問い合わせが私の事務所にもたくさん来るようになりました。

私たちは、連日、様々なケースの「消えた年金」被害者を招いて、社会保険庁の担当者にも出席してもらい、被害者の救済策を議論する勉強会を開きました。

結婚して姓が変わったケース。

転職した際に年金記録がうまく統合されなかったケース。

名前の読みが間違ってコンピュータに入力されたケース。

年金が消えているケースが、たくさん明らかになってきました。

五月二二日には、蓮舫参議院議員が、テレビ生中継の文部科学委員会で安倍総理に「消えた年金」について質問。安倍総理は、「いたずらに国民に対して、年金の不安をあおるのはいかがか？」と答弁。

翌日二三日には、長妻さんも予算委員会で安倍総理に質問。五月二五日には、「消えた年金」問題を放置したまま、社会保険庁改革法案が強行採決されました。

採決の直前の衆議院厚生労働委員会で、私も質問しました。「三〇年前の領収書がないので、消えた年金の被害者が社会保険事務所で門前払いされて苦しんでいる」と、私が訴えると、安倍総理は、「領収書はなくていい。でも、何か客観的に当時の保険料の納付を証明できないと年金は払えない」と答弁。しかし、納付の書類をなくしたのは社会保険事務所の責任であり、消えた年金の被害者に罪はないのです。その質疑の直後に強行採決となりました。

翌週、さすがに政府は、私たちの主張を一部受け入れ、「年金記録の時効撤廃法案」を提出しましたが、不十分な法案で「消えた年金」問題の幕引きをはかる政府に私たちは反発。二週連続、厚生労働委員会で強行採決となりました。

その後六月に、最初に私が相談に乗った被害者のAさんから連絡がありました。「体調を崩して、もうマスコミの取材を受けられません。あとは、長妻さんと山井さんに任せます。頑張ってください」とのことでした。一市民が「消えた年金」の被害者として勇気を持って名乗り出られ、私も国会質問で取り上げました。そのため、マスコミ取材が殺到するだけでなく、一方では、「本当は年金保険料を払っていなかったのではないか?」という心無い中傷もあり、Aさんは心労で倒れてしまったのです。申し訳なくて涙が出ました。と同時に、何が何でもAさんの「消えた年金」は復活させねばと、心に誓いました。

それから一か月余りが経った七月一九日。私が応援する候補者の選挙カーに乗って、マイクで話している時に久しぶりにAさんから私の携帯に電話がかかってきました。安倍総理が、「最後の一人まで消えた年金被害者を救済する」と演説し、「消えた年金」が大きな争点になった参議院選挙の初日です。

「山井さん、私の年金記録は回復することが決まったんですか?」とAさんは明るい声でした。

「どういうことですか? 何か連絡がありましたか?」と私。

「社会保険庁からは連絡はありませんが、テレビ局から取材依頼の電話があり、『今日の夕方、あなたのところに年金記録復活の報告の電話がかかってきますから、その瞬間の喜びの表情を撮影させてもらえませんか？』とのことでした。山井さん、本当に記録は復活するのでしょうか」とAさん。

「テレビ局は、政府から確かな情報を得たから、電話をしてきたのだと思います。やっとAさんの主張が認められたんですね。良かったですね！」と私。

参議院選挙の初日に、第一回の年金記録回復委員会が開かれ、消えた年金被害者の救済のシンボルとして、マスコミでも報道されていたAさんが救済されることになったのです。選挙がらみでややこしい話ですが、それはともかく、私は、一番心配していたAさんの消えた年金が復活して、ほっとしました。

その参議院選挙で自民党は大敗。参議院で過半数を割る「ねじれ国会」になりました。

生きているうちに年金を受け取りたい！

その後も、長妻さんや私のもとには、多くの消えた年金の被害者から相談が来ていました。

例えば、九三歳の男性が、三三年間の年金記録が見つかり、一三〇〇万円の年金がもらえることになったが、社会保険事務所の事務作業が遅く、数か月待たされている間に、一銭も受け取らずに亡くなるという事件も起こりました。

私は二〇〇八年一一月にも麻生太郎総理に予算委員会で、「九〇歳を過ぎた高齢者に消えた年金記録が見つかった。でも、正しい年金がもらえるまでに一年以上待たねばならない。待てずにお亡くなりになる被害者もおられる。年金記録回復を急ぐべきだ。生きている間にもらえないと年金の意味がない」と質問しました。

この私の麻生総理への質問をNHKテレビ中継で見た方から一通の手紙が来て、お目にかかることになりました。「姉の消えた年金が見つかった。なんと三二〇〇万円。しかし、記録回復に一年以上かかり、いつ年金がもらえるかはわからない」とのことでした。お姉さんは同じ銀行でずっと勤務をしてきたが、銀行の名前が途中で変わったのが原因で、年金記録が消え無年金になってしまった。数年前に年金事務所にお姉さんが相談しても解決せず、やむなく退職後も市場で早朝から働くことになり、脳こうそくで倒れ、病院で寝たきりになってしまったとのことでした。

「三二〇〇万円もの年金が消えているだけでも大問題なのに、そのことが明らかになってからも年金事務所は、『年金事務所も忙しく、いつ正しい年金が払えるかはわからない』という回答。あまりにひどい。せめて姉が生きているうちに、払ってほしい！」との弟さんの訴えに私もうなずきました。

この三二〇〇万円もの消えた年金は、史上最大規模です。もちろん、額が大きくても小さくても消えた年金は問題なのですが、あまりにもひどいので、私も社会保険庁に善処を要望しました。その結果、予想より早く消えた年金はお姉さんに復活しました。しかし、三二〇〇万円の年金が支給されるとの報告を病床で受けたお姉さんはすでに重病で、意識がもうろうとしたままでした。

このような「消えた年金」のみならず、薬害肝炎、後期高齢者医療制度や医師不足、医療崩壊の問題でも国民の怒りは大きく、その怒りを受けて、長妻さんと私は厚生労働省（以下、厚労省）と激しく戦っていました。厚労省は、長妻さんや私が要求する資料はあまり出さなくなりました。

そのような状況の中、二〇〇九年夏の衆議院選挙で政権交代が実現しました。長妻さんが厚生労働大臣に就任。まさか、それまで激しく戦った相手である厚労省の官僚と「同志」として、野党との国会論戦や財務省との厳しい交渉を共に戦うことになろうとは、長妻さんも私も思っていませんでした。厚労省の官僚も思っていなかったでしょう。

2 長妻厚生労働大臣から政務官就任の要請
——一八〇度立場が変わり、厚生労働省と共に戦うことに

二〇〇九年八月三一日に政権交代が実現。鳩山総理が誕生し、私の尊敬する同志である長妻さんが厚生労働大臣に就任しました。そして、九月一六日に鳩山総

資料 1-2　厚生労働省組織図

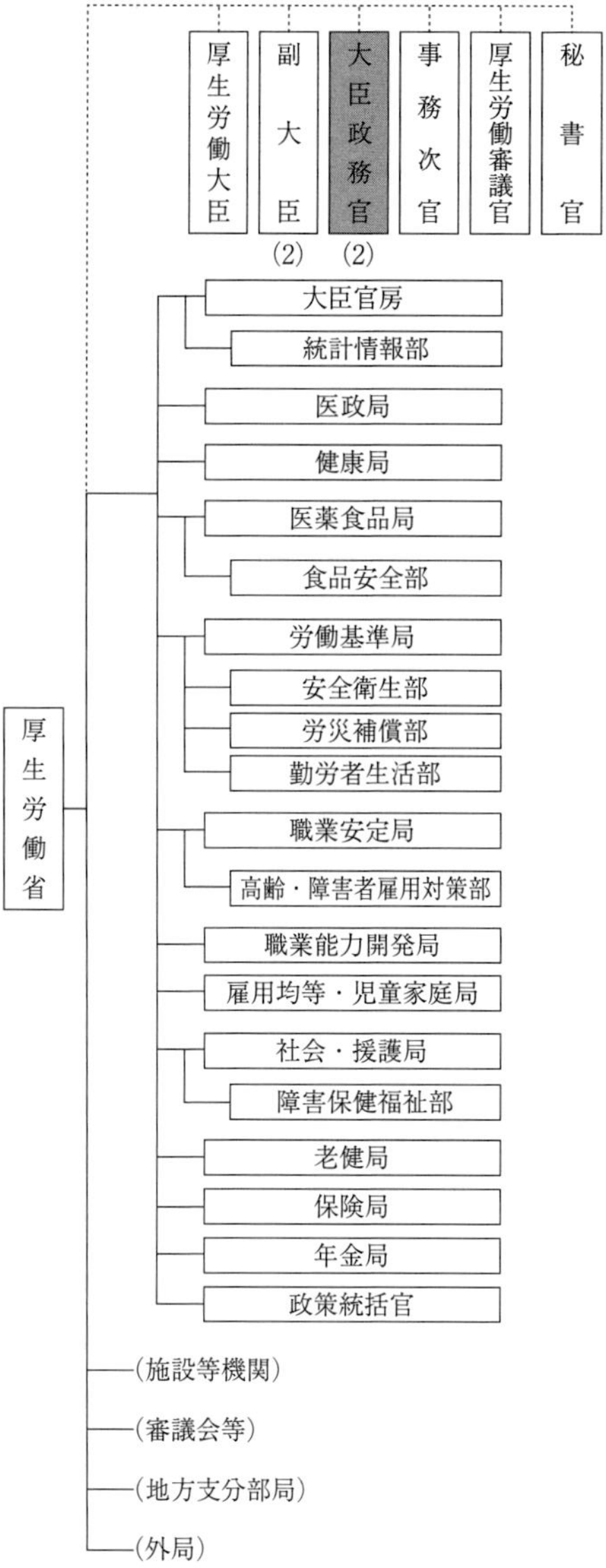

出所：厚生労働省 HP「厚生労働省」P. 2。http://www.mhlw.go.jp/wp/publish/pdf/p04.pdf

理の所信表明の演説がありました。その際、長妻大臣から衆議院本会議場で、「山井さん、このあと時間、空いてますか?」と聞かれ、「空いてますよ」と言ったら、「一緒に厚労省まで来てください。打ち合わせしたいことがあるので」と言われ、そのまま長妻大臣と厚生労働大臣室に行きました。

カルチャーショックです。厚労省批判の急先鋒であった長妻さんが大臣となり、その大臣室で私と打ち合わせをするのですから。早速、厚生労働関係のマニフェストの実現について長妻大臣と意見交換をしましたが、途中から厚労省の担当者も同席。その担当者が「山井政務官……」と呼ぶので、「俺は政務官になったのか?」と初めて気づきました（資料1-2）。

その後、長妻大臣から政務官就任を依頼され、私は快諾。長妻大臣から、「厚労省に泊り込むくらいの気持ちで頑張りましょう!」との言葉。私も「全力で支えます」と答えました。

長妻大臣は、「マニフェストを一つひとつ実現するために、私たちは厚労省に送り込まれた。マニフェストは国民からの指示書だ」と言って、背広の内ポケットに大臣就任の一年間、ずっとマニフェストを入れ続けました。

この時、政務三役としては、厚生労働副大臣に細川律夫衆議院議員（雇用・労働担当）、長浜博行参議院議員（厚生担当）、私のペアの政務官に足立信也参議院議員（医師、医療担当）が就任。私は、医療以外のすべての分野（肝炎対策を含む）を担当する政務官であると共に、その後一日の大半を長妻大臣と共に過ごす「厚生労働大臣補佐官」のような役割を果たすことになりました（資料1-3）。

初日の初仕事——障害者自立支援法違憲訴訟の和解

政務官就任の正式の辞令もないまま、最初のその日の打ち合わせで、私が長妻大臣に相談したのは、障害者自立支援法（以下、自立支援法）の違憲訴訟の和解についてでした。障害者福祉サービスの一割負担を強いる障害者自立支援法について、障害者の当事者から全国で訴訟が起こされていました。その訴訟への対応方針を決める厚労省のタイムリミットがちょうどその週だったのです。

資料 1-3　政務官の一日の仕事

Time

8：00

登庁・答弁打ち合わせ
厚生労働委員会の答弁内容を担当課に最終確認。

9：00

10：00

厚生労働委員会
これまでとは違い、
委員と相対する
答弁者側に座っています。

衆議院厚生労働委員会での答弁

11：00

12：00

帰庁　衆議院から厚生労働省に戻る。
昼食をとりながら担当課と打ち合わせ・決裁。

重要な案件を決める
政務３役会議（大臣室にて）

13：00

政務３役会議　大臣・副大臣（２名）・政務官（２名）で
厚生労働案件について議論し意思決定。

14：00

大臣とともに
会議・決裁
天下りの削減、
来年度予算・提出法案
などについて。
時には、大臣の財務省、
首相官邸へ折衝に同行。

厚生労働省を代表して記者会見

15：00

16：00

17：00

18：00

大臣、官僚と議論をし、
政策を決定

19：00

20：00

21：00

22：00

23：00

24：00

退庁（20～24 時）宿舎へ。

出所：山井和則事務所作成。

私は「マニフェストに、自立支援法の廃止と一割負担（応益負担の廃止）が明記されているので、民主党政権になった以上、障害者と厚労省が訴訟を続けるのは無意味です。事情を原告に説明し、和解に方針転換しましょう」と訴えました。しかし、その場にいた厚労省の担当者は、「問題点もあるけれど、自立支援法には賛成意見も多い。和解は難しい。訴訟を続けるしかない」と、長妻大臣に説明。私が政務官になって初めてぶち当たった厚労省の壁でした。

官僚の立場に立てば確かに、そうかもしれません。厚労省が過去数年間、苦労して、強行採決までして障害者サービスの一割負担（以前は無料）を導入してきたのに、今になって無料化などとひっくり返されるのはたまらない。先輩の官僚にも申し訳ない。前任者にも申し訳ない。担当者はそんな気持ちだったのでしょう。確かに官僚のつらい立場はわかりますが、私は、その担当者の発言をさえぎり、「無益な訴訟に障害者と厚労省が、今後何年も労力を使うのはお互いのマイナスです。原告の障害者の方々と面会し、訴訟でなく、より良い制度づくりに知恵を貸してもらうように和解しましょう」と言いました。長妻大臣は、「障害者福祉サービスの一割負担は無料化します。マニフェストに入っていますから。訴訟は和解する方向で原告の方々との調整に入ってください」と、担当者に指示をしました。

早速、私が政務官に就任したその日から年末まで、障害者福祉サービスの一割負担を無料化するための激しい交渉が財務省と始まりました。そして、この訴訟は和解することになりました。

私は、この時に痛感しました。厚労省の官僚を説得するのは困難だ。なぜなら、省をあげて過去数年、先輩や先任者の官僚が取り組んできた目玉政策を一八〇度転換することに、担当者は簡単に同意できるはずがないからです。そんなことをしたら、その担当者も省内で立場が持たないのです。同時に、今まで必死に取り組んできた政策を大転換し、ゼロに戻す仕事を担当者にさせることは申し訳ないと思いました。しかし、だからといって、マニフェスト実現をあきらめることはできません。マニフェストは国民との約束ですから、何が何でもマニフェストを実現しないと国民への裏切りになります。

特に、自立支援法の廃止を求める戦いでは多くの涙を見ました。私の知り合いも自ら命を絶ってしまいました。自立支援法が原因となった離婚、心中事件もありました。自立支援法の廃止は悲願です。天下の悪法、弱い者いじめの象徴です。だからマニフェストにも「障害者自立支援法廃止」と明記したのです。

年末まで三か月間の財務省との厳しい交渉が始まりました。つまり、政権与党がマニフェストに「障害者サービスの応益負担（一割負担）はなくす」と明記したからといっても、財務省にとっては確定した事項ではないのです。すべてのマニフェストが一〇〇％は実現できない以上、一つひとつマニフェストについて改めて財務省と交渉をせねばならないのです。

具体的には、障害者福祉サービスの一割負担の無料化、生活保護母子加算の復活、父子家庭の児童扶養手当の創設、子ども手当の創設、診療報酬の引き上げなどが、年末までに決着すべきマニフェストの当面の課題でした。

3　最初のマニフェスト実現——「母子加算復活」のため、総理官邸に直談判

最初の交渉——貧困家庭の子どもたちを守りたい

私が政務官に就任して、最初のマニフェスト実現の戦いは生活保護の母子加算復活でした。子どもの数や地域に応じて、月に約二万円（二人目で約二〇〇〇円、三人目で約一〇〇〇円加算）支給されていた母子加算が二年前に廃止されていました。ひとり親世帯の約一〇万世帯、約二〇万人の子どもへの支給が減らされ、「高校進学をあきらめた」「修学旅行をあきらめた」「クラブ活動をあきらめた」などの悲鳴があがっていました。

生活保護制度には、不正受給などの問題があり、それには厳しく対処すべきです。ただ、本当に困っているひとり親の貧困家庭の子どもたちは守るべきだ、というのが私たちの考えでした（資料1-4）。そして、この母子加算復活は、法改正が必要なく、厚生労働大臣の告示があれば、予備費を活用し、一一月か一二月

資料 1-4　被保護世帯の世帯類型
▷母子世帯は全体の 7.4%ですが、母子加算の廃止は、貧困家庭の子どもたちを直撃しました。

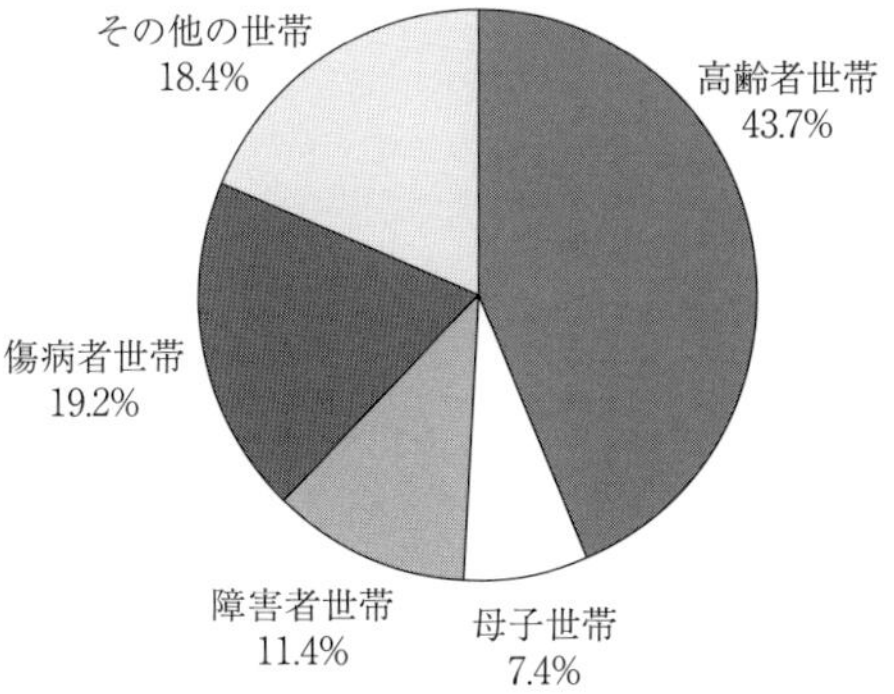

出所：『平成24年度被保護者調査』（厚生労働省）より山井和則事務所作成。

からすぐに復活させることができます。ですから、「民主マニフェスト　初収穫は母子加算復活か。大臣告示でＯＫ　来月にも。厚労省は難色　危ぶむ声も」（『東京新聞』二〇〇九年九月六日）などと、最初に実現できるマニフェストとしてマスコミからも注目されていました。

何よりも母子加算が復活するかどうかに、高校進学できるか、修学旅行に行けるか、クラブ活動ができるか、という、子どもたちの人生がかかっています。民主党のマニフェストに母子加算復活が明記されていたので、生活保護の母子家庭のお母さんたちも首を長くして、一一月か一二月からの母子加算復活を心待ちにしていたのです。

一方、同じくマニフェストに入っていた、前述の障害者福祉サービスの無料化や、父子家庭の児童扶養手当の創設、子ども手当などは、来年度予算の話ですので、年末まで財務省との交渉の時間的余裕がありました。

当初は、一一月からの母子加算復活を目指しましたが、財務省はせっかく廃止した母子加算の復活に大反対でした。

厚労省の担当者が必死に財務省と交渉しましたが議論は平行線。このままでは、一二月からの母子加算復活も困難。何とか一二月から復活させて、来年四月から高校に進学できる中学三年生を一人でも増やしたいと願いましたが、タイムリミットが迫ってきました。

財務省との交渉ではゼロ回答が続き、私もさすがに怒って、「選挙のマニフェストに母子加算復活は入っていたじゃないですか？　それをなぜ認めないのですか？」と、怒鳴ってしまいました。しかし、議論は平行線。財務省の言い分は、「私たちも予算をつけたいが、財源がないんです」。一二月から翌年の四月までの母子加算復活の予算は六〇億円。年間では一八〇億円の予算。最初のマニフェスト実現で、早くも厚い壁にぶつかりました。

一〇月中旬になり、必死に財務省と交渉してくれていた厚労省側からも弱気な声が出てきました。ある官僚から晩に電話がありました。「山井政務官、これ以上、財務省とケンカしないでほしい。来年度の予算折衝の時に、厚労省が不利益をこうむりかねない。簡単な話じゃない。あきらめたほうがいい」と、その官僚は思いのたけを語りました。

もちろん、このような弱気な発言だけではなく、厚労省の担当者は必死で連日、財務省と交渉をしてくれました。「母子加算復活すら実現できないんだったら、マニフェストは総崩れだ」「首を長くして待っている貧困家庭の子どもたちを、民主党は裏切るのか？」などの声もマスコミから聞こえる中、日に日に責任者である長妻大臣の顔色は悪くなっていきました。長年の付き合いがある私も、これほど長妻さんが思いつめた顔は見たことがありませんでした。

思い返せば、母子加算復活チームを長妻さんが座長、私が事務局長で党内に立ち上げたのが二〇〇九年五月。この母子加算復活チームで七月まで、一四回にわたってヒアリングを行い、多くの母子家庭のお母さん、お子さんから直接、母子

資料 1-5　一般母子世帯と被保護母子世帯の比較（子どもの状況）

（%）

設問	回答	一般母子世帯	被保護母子世帯
DV の経験および被害の有無	DV 経験あり	33.2	69.9
	うち健康被害あり	34.8	77.9
（6 歳以上の子ども）健康状態	よい・まあよい	59.0	30.5
（通院中の子ども）最も気になる傷病	うつ病、こころの病気	1.3	12.2
（12 歳以上の子ども）こころの状態	疾病レベル（13 ポイント以上）	3.5	10.9

出所：一般母子世帯は、「平成19年国民生活基礎調査特別集計」、被保護母子世帯は、「平成21年生活保護母子世帯調査暫定集計」より山井和則事務所作成。

加算をカットされた生活の苦しい叫びを聞きました。「それまで一家を支えていた姉が結婚をして家を離れました。今度は、自分が家を支える番です。高校を中退して自分が働き、家にお金を入れることになりました」という女子高生の話には心が痛みました。実際、貧困家庭では、高校中退が少なくありませんが、高校中退は中卒扱いになり、待遇のいい仕事は見つかりません。

また、私がお目にかかった四人のお子さんを抱えたお母さんは、DV被害でうつ症状があり、長女と次女は二人とも貧困家庭であることを理由に中学でいじめにあい不登校に。全日制高校には行けず、定時制高校に進みました。二人とも貧しくて、中学も高校も修学旅行には行けませんでした。このような家庭でさらに月二万円の母子加算がカットされたか思うと、話を聞くだけでつらくなりました。

生活保護を受給するひとり親家庭は、一般の貧困なひとり親家庭とは少し違う、ご自分やお子さんの病気や障害などの特殊事情を抱えた方が多いと感じました（資料1-5）。

生活保護のお母さんたちの中には、パートで必死に働いて、収入の足りない部分を生活保護で補っている方が多く、平日は仕事を休めないので、私たちに話を聞かせてくれる方を探すのも大変でした。生活保護家庭は、仕事もせずに遊んでいるような偏見がありますが、実際には、被保護母子世帯のうち「仕事あり」が約四二%（資料1-6）で、そのうちパートその他が八八%で、正規雇用は一%です（生活保護母子世帯調査、二〇〇九年一一月）。四二%の方はパートなどで働

資料 1-6　一般母子世帯と被保護母子世帯の比較（母親の状況）　（%）

設問	回答	一般母子世帯	被保護母子世帯
就業状況	仕事あり	81.4	42.2
（無職の母親）健康状態	よくない・あまりよくない	28.5	70.0
（無職の母親）こころの状態	疾病レベル（13 ポイント以上）	16.6	39.8
（就業中の母親）雇用形態	正規雇用	32.1	1.0
	非正規雇用	49.4	88.4
（通院中の母親）最も気になる傷病	うつ病、こころの病気	8.0	30.8
貯蓄の状況	貯蓄なし	23.9	72.4

出所：資料 1-5と同じ。

きながら、その収入だけでは子どもを養えないので、生活費の足りない一部分だけ生活保護で補っています。一方、無職の生活保護のお母さんには、病気や障害で働きたくても働けない方が多いのです。

国会に、生活保護の母子家庭の方々にお越し頂くのは、珍しいことでした。しかし、母子加算復活チームでは、国会で何度も会合を開き、お母さんやお子さんにお越し頂き、時にはご自宅に伺って生の声を聞きました。

一日も早く母子加算を復活させ、政権交代の果実を、貧困で苦しむ何の罪もない子どもたちに味わってほしい、と願いました。大学時代に私がボランティアをしていた母子寮にも母子加算の対象となる貧困なひとり親家庭の方が多くおられました。母子寮には貧困であるがゆえに、クラブ活動にも入れず平日の晩のみならず土日も年末年始も休まずに飲食店でアルバイトを続けて、家計を支えている生活保護家庭の高校生もいました。

重苦しい雰囲気の総理官邸

いよいよリミットの一〇月二〇日。その日までに財務大臣が承認しないと一二月からの母子加算復活は無理という日になりました。しかしその日の晩になっても、財務大臣との面会は断られました。万事休すです。重苦しい雰囲気の厚生労働大臣室に、夕闇が迫ります。このままでは、今日は帰れない。そんなムードの中で、長妻大臣が、「鳩山総理に直談判するしかない。今から総理に会えるかな」

写真 1-2
▷総理官邸（衆議院第１議員会館 805 号、山井和則事務所から撮影）。

とポツリ。「厚生労働大臣が会いたいと言えば、総理は会ってくれるでしょう」と私。

早速、長妻大臣の秘書官が総理官邸に電話し、アポイントメントをとりました。「山井さんも一緒に来る?」と、聞かれて「ハイ」と答えました。夜八時を過ぎ、政務官就任の記念撮影以来、初めて総理官邸（写真1-2）に行きました。

総理官邸入口では「なにごとか?」と、多くの記者が長妻大臣を取り囲みました。「総理に会われるのですか?」「何の案件ですか?」と、記者たちからの質問。「母子加算なんて小さな問題のために、厚生労働大臣が総理官邸まで来るのか?」と、冷ややかな声も。しかし、一二月からの母子加算が復活できなければ、当面、数か月、母子加算は復活できなくなります。それにより高校進学が可能になるか断念かが決まる子どももいるのです。待っている子どもたちを裏切ることはできません。また、これさえ実現できないなら、マニフェストの厚生労働関係は総崩れになる危険性があります。

しばらく待ってから、鳩山総理が私たちのいる部屋に来られました。鳩山総理は、神妙な顔つきで長妻大臣の話を聞き、藤井裕久財務大臣にその場で電話をされました。「いま長妻大臣が、総理官邸に母子加算の復活のことで来られていまして……」と、電話で財務大臣と話す鳩山総理。ただ、財務大臣の頭越しに総理に直談判をしたことは、永田町、霞が関では明らかなルール違反です。相当大きな案件でない限り、財務大臣との交渉で解決させ、多忙な総理大臣の手を煩わせないのが通常のルールなのです。

鳩山総理と話をする重苦しい官邸での雰囲気の中、「せっかく政務官になったけど、これでクビかな」と、私も処分を受ける覚悟をしました。

数日後、長妻大臣と共に、初めて財務大臣室に呼ばれました。いったい、どうなるのか？ 緊張の一瞬でした。藤井裕久財務大臣から、「一二月から母子加算復活は復活させる。そのかわり、二度と頭越しに総理官邸には行かないでほしい。財源確保のために、厚労省予算の無駄削減をもっと頑張ってほしい」と言われました。長妻大臣と私は、深々と藤井大臣に頭を下げました。財務省の政務三役とは一か月間、怒鳴り合いも含めた激しい交渉をしましたが、最終的には、母子加算が復活でき、財務省の政務三役には感謝をしています。

この母子加算復活に関するやりとりに関しては、「修学旅行に行ける　母子加算復活に『ほっ』と」（『毎日新聞』二〇〇九年一〇月二三日）という報道もあれば、「母子加算の復活劇　予算膨張　歯止め失う恐れ　厚労相、首相に直談判　財務省『財政規律保てない』」（『日本経済新聞』二〇〇九年一〇月二三日）という批判もありました（資料1-7、1-8）。

高校進学、修学旅行、クラブ活動をあきらめさせないために

生活保護に関する問題には、賛否両論があり、政治の中でも最も難しい部分です。不正受給や生活保護費の水準の問題などに批判が集まります。しかし、長妻

資料 1-7 「修学旅行に行ける」母子加算復活に「ほっ」と

「修学旅行に行ける」
母子加算復活に「ほっ」と

一人親の生活保護受給世帯に上乗せ支給されていた母子加算の満額復活が23日午前、閣議決定した。05年度から段階的に削減、今春全廃されたが、12月から再び支給される。政府内の折衝が難航、見通しが危ぶまれた時期もあっただけに、暮らしを切り詰めてきた各地の親たちは、胸をなで下ろしている。

「やっと戻るんですねえ」。体調を崩したのをきっかけに3年半前から生活保護を受給する札幌市の菊地繭美さん(46)は、ほっとした様子。07年4月、息子の高校入学と同時に月額約2万3000円の母子加算が打ち切られた。入浴回数を減らしたり、衣服も数カ月に1度しか買ってやれなくなった。

「廃止は生存権を侵害する」として、自治体を相手取って提訴。今年4月以降、母子加算復活を目指す民主党の会合にも参加し、窮状を訴え続けた。「復活したら、息子とおすしを食べたい。ずっと食費も削ってきたから」と話すものの、息子が来年3月に高校を卒業すれば、母子加算の対象から外れる。

東京都足立区の女性(50)は「高校1年の息子が来春の修学旅行に行ける」。月額2万3000円の母子加算が削られた後は、食事の回数やおかずを減らし、「食べ盛りの息子が食べない私に遠慮するのがつらかった」。20代から病気を患い、フルタイムの仕事は難しいが、来春早々にある息子の修学旅行の積立金も確実に捻出できそうだ。

女性の息子は高校卒業後、1人暮らしをする可能性もあるといい、「自立のための準備のお金が全くなかったが、復活で最低限の蓄えができるかもしれない」と期待する。

厚生労働省は、財務省との折衝で、母子家庭以外の保護世帯にも支給されてきた高校生向け就学費などが、母子加算復活と引き換えに廃止されることも求められた。【佐藤浩、野倉恵】

出所：『毎日新聞』2009年10月23日。

母子加算の復活劇

厚生労働省と財務省は22日、生活保護の母子加算について厚労省の主張に沿って12月に全額復活することで合意した。膨張した予算を抑え込むため財務省は反対したが、長妻昭厚労相は鳩山由紀夫首相を「説得役」に引き出し、藤井裕久財務相を抑え込んだ。

母子加算は18歳以下の子どもがいるひとり親世帯の生活保護に上乗せするもので、都市部では月2万3260円。今春に全廃されていた。

予算膨張 歯止め失う恐れ

「鳩山政権の成果の第1号にしたい」。厚労相は就任早々に復活を宣言し、山井和則政務官を何度も財務省に差し向けた。20日までに今年度予算の予備費を充てて復活させる方針は固まったものの制度の内容を巡り対立。厚労省は必要額を58億円としたが財務省はその半額で譲らなかった。

事態打開のため長妻厚労相は19日夜、首相官邸に足を運び、決着に向けた調整を求めた。首相は21日夕に「全額復活させねばならない」と語り、さらに財務省を名指しして「本当に必要な予算は国が手当てしなければならない」と発言。同日夜、厚労相は再び公邸を訪問。直後に首相は藤井財務相に電話をかけ「厚労相としっかり調整してください」と念を押した。

結果的に財務相が折れて決着した。さらに今回の合意で来年度以降も予算計上されることがほぼ確定した。今年度の母子加算は4カ月分だが、2010年度は200億円程度が必要になる。

年末の予算編成を控える財務省には困惑が広がっている。主計官らは口々に「公約を盾に個別案件で首相に『陳情』されては財政規律は保てない」。厚労省内からも「本来はルール違反の裏技」との声が上がる。他省庁からは「いざとなれば〝なんでも官邸団〟だ」との忍び笑いが漏れる。

厚労相、首相に直談判
財務省「財政規律保てない」

「58億円」は予算規模としては大きくない。財務省が抵抗したのは、まず歯止めのない予算膨張を恐れたから。加えて厚労省は母子加算と同じく予算手当てが固まっていない積み残し政策を「事項要求」として11項目も概算要求に盛り込んでいるからだ。今回の予算計上は〝アリの一穴〟となる恐れがある。

年末の予算編成では、削減を巡る攻防が予想される。要求額が過去最大の95兆円に膨らんだ来年度予算の切り込みで、最大の壁は厚労省だ。

藤井財務相は22日、長妻厚労相にクギを刺した。「あなたの省が一番、図体（ずうたい）が大きい。社会保障の美名の下に、ムダがないとは言えないんだよ」

資料 1-8 母子加算の復活劇 厚労相、首相に直談判

出所：『日本経済新聞』2009年10月23日。

大臣や私が強くこだわったのは、貧困家庭の子どもには罪はない。母子加算の廃止により、高校進学や修学旅行やクラブ活動をあきらめるなど、子どもにしわ寄せが出ることは絶対に防がねばならないということでした。

子どもたちは生まれる家庭を選ぶことはできません。「子どもの貧困の解消」は、長妻さんと私のライフワークです。

生活保護を受給するあるお母さんは、「テレビを見れば、生活保護費でお酒をたくさん買ったり、連日パチンコをしているケースなどが報道されている。私もそれはおかしいと思う。でも、そんなケースと本当に子どもを抱えて、貧しくて苦労している生活保護の母子家庭を一緒にしないでほしい」と言っておられました。

また、他のお母さんは、「私も生活保護は受けたくない。しかし、その代わりに正社員の仕事を紹介してほしい。私の娘は発達障害で、ときどき不登校になる。そんな子どもを抱えて正社員では雇ってもらえない」と、訴えられました。

実際、生活保護を受けている母子家庭には、貯蓄もなくお母さんか子どもに病気や障害があるケースが多いのです（資料1-5）。長妻大臣や私は、せめて生活保護の子どもたちにも高校には進学してほしいと願い、生活保護家庭の高校進学率を調べました。しかし、一般的な高校進学率は公表されていましたが、生活保護家庭は調査されていませんでした。そこで、長妻大臣の指示により、初めて生活保護受給世帯の高等学校進学率が調査され、二〇一〇年度は八七・五%と発表

資料 1-9　高等学校等の進学率の推移（上）と高等学校等の進路状況（2013年3月）（下）

出所：保護受給世帯については厚生労働省社会・援護局保護課調べ。全国については平成25年度学校基本調査。

（%）

	保護受給世帯	全国（全世帯）
2010年3月	87.5	98.0
2011年3月	89.5	98.2
2012年3月	89.6	98.3
2013年3月	89.9	98.4

（%）

	保護受給世帯	全国（全世帯）
全日制	67.6	92.4
定時制	11.5	2.2
通信制	5.1	1.8
特別支援学校（高等部）	4.9	1.0
その他	0.8	0.9

されました。その後、二〇一一年度は八九・五%、二〇一二年度は八九・六%、二〇一三年度は八九・九%と、着実にアップしました（資料1-9）。これは、母子加算の復活（資料1-10）や、子ども手当が中学生までもらえるようになったことも大きな理由だと思います。

ただ、一般（全世帯）の高校進学率の九八%よりは、生活保護家庭の高校進学率は約九〇%で約八%低く、さらに、全日制高校に入学したのは、一般（全世帯）で九二%なのに、生活保護家庭の子どもは六七・六%に過ぎません。家庭が貧しくて、夜間定時制高校に進学し、働きながら学ばざるを得ない子ども（一一・五%）や、何らかの障害があり特別支援学校に進む子ども（四・九%）が、生活保護家庭には多いのです。生活保護家庭の子どもが経済的理由で全日制高校に通えないというケースは減らさねばなりません。さらに、中学校の不登校率は、一般世帯は二・四%なのに、生活保護世帯は一一・六%と約五倍高いという調査結果もあります（東京都板橋区、二〇〇六年度）。

ある生活保護のひとり親家庭の中学三年の女の子は、「自分は修学旅行に行けなかった。妹や弟は修学旅行に行かせたいので、自分は中学を卒業したら、高校に進学せず就職したい」と言っていました。しかし、中学卒ではなかなか正社員にもなれず、一生、貧困な人生になってしまう危険性があります。このような事態は「貧困の連鎖」と呼ばれています。

実際、母子加算が復活した翌年の春に、厚労省が生活保護を受けている母子家

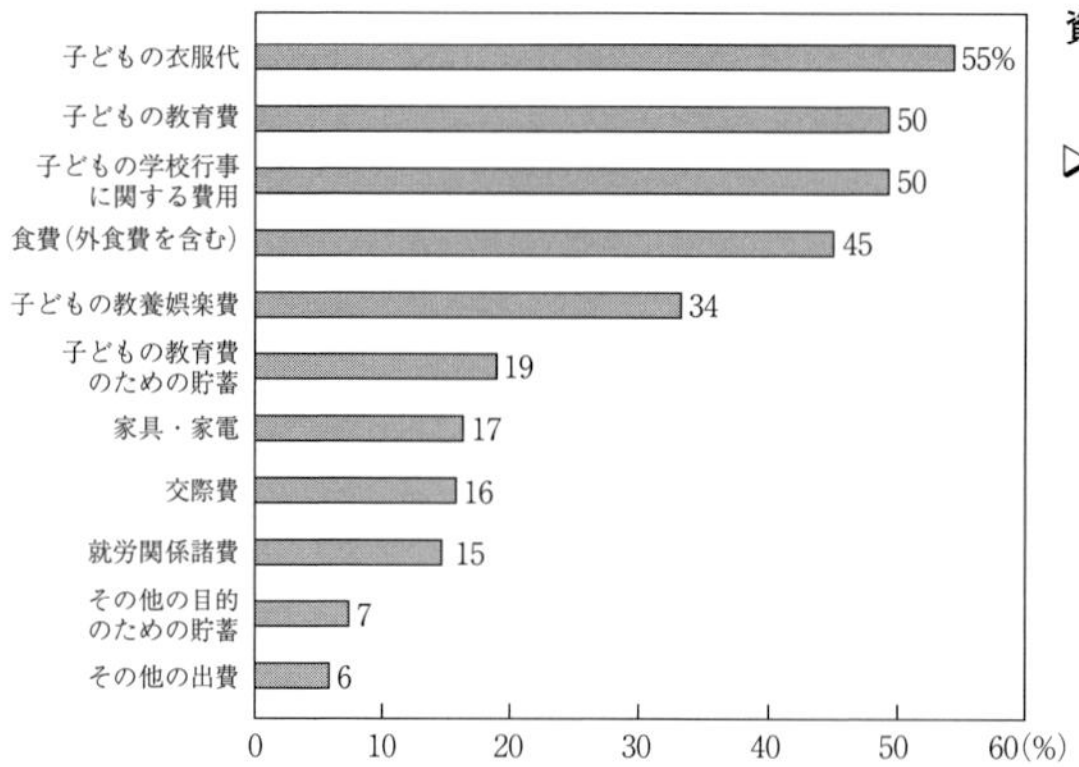

資料1-10　母子加算復活により出費または貯蓄が増えた項目（複数回答）

▷母子加算の復活によって、昨年の同時期と比べ出費が増えた項目（複数回答）は、「子どもの衣服代（55%）」、「子どもの教育費（50%）」、「子どもの学校行事に関する費用（50%）」などが上位を占めています。

出所：資料1-10、1-11ともに被保護母子世帯の日々の生活に関するアンケート結果。厚生労働省（2010年6月29日）。

庭に調査をし、母子加算の使い道を質問しました。それによれば、約半数の世帯で「子どもの教育費を増やした」との回答がありました。つまり母子加算のカットにより、子どもの教育費がカットされていたことが明らかになりました。

また、母子加算が復活した三年後の二〇一二年三月に、あるお母さんからうれしい手紙を頂きました。「子どもが大学に合格できました。母子加算復活がなければ、子どもが大学に合格することはできませんでした」との手紙でした。

ただ、生活保護については、政権が自民党に戻ってすぐに、生活保護費を今後三年、史上最大幅で引き下げることが決まりました。母子加算は復活したままですが、子どもが多い世帯ほどたくさん生活保護費を削るということが決まりました。その理由は、生活保護を受けていない貧しい家庭のほうが、より貧しいケースがあるという批判によるものです。しかし、先ほど述べたように、生活保護のひとり親家庭には、親や子どもに病気や障害のあるケースも多く、一般の貧困家庭とどちらが貧しいかという比較は単純にはできません。

もちろん、生活保護を受けていない貧困家庭の支援も大変重要です。なぜなら、貧困家庭で生活保護を受けているのは、ごく一部だからです。そのため、子ども手当の中学三年生までの支給拡大や、高校授業料の無償化、低所得の父子家庭の児童扶養手当の必要性も痛感し、後述のようにそれらにも取り組みました。

消費税も二〇一四年四月から八%に増税され、アベノミクスにより物価も上がっている中で、二〇一三年から三年連続、史上最大幅で生活保護基準が下げられ

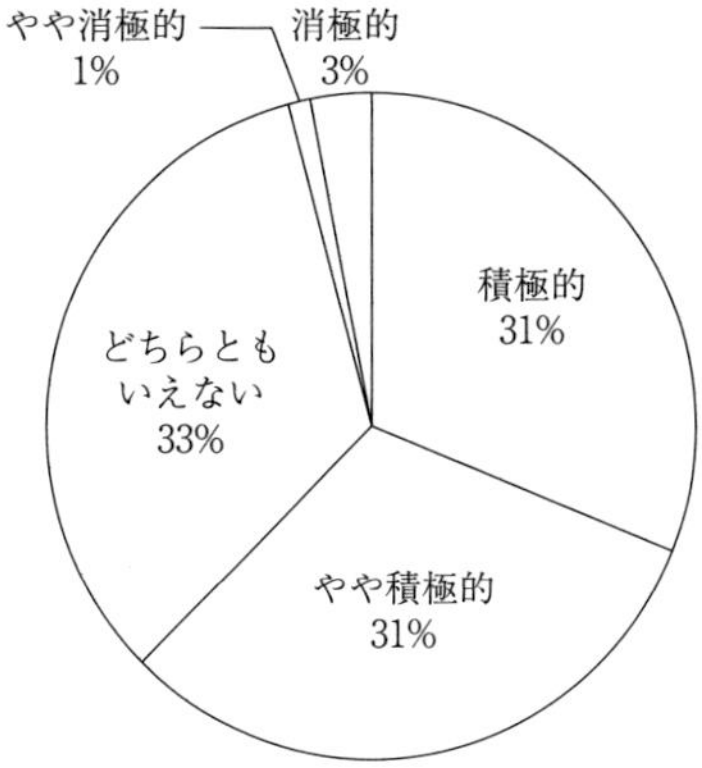

資料 1-11　子どもの進学や学校行事の参加に対する意識

▷子どもの進学や学校行事の参加に対する意識について、母子加算復活前の昨年の同時期と比べ、回答者の 62%が「積極的に考えるようになった」または「やや積極的に考えるようになった」と回答しています。つまり母子加算のカットにより、子どもの進学や学校行事への参加に悪影響が出ていたことが明らかになりました。

ます。そのことにより、再び生活保護家庭の高校進学率が下がり、修学旅行やクラブ活動をあきらめる子どもが増えるのではないかと心配でなりません（資料1-11）。そもそも生活保護基準を引き下げても、生活保護以外の貧困家庭への支給が増えるわけではありません。さらに、生活保護基準の引下げに連動して七一自治体（四％）では、二〇一四年四月から就学援助も縮小されることになり、来年はもっと多くの自治体で就学援助が縮小されるおそれがあります。

不正受給はもっと取り締まるべきですが、「生活保護家庭は恵まれている。不正受給が多い」という感情的な生活保護バッシングにより、本当に困っている子どもがさらに苦しみ、人生のチャンスを奪われ、貧困の連鎖が拡大することがあってはなりません。

4　障害者サービス無料化への戦い
——障害者自立支援法の廃止に向けて

さて、すったもんだの末に、二〇〇九年一二月から母子加算は復活することに決まりましたが、次なるマニフェスト実現の大きな課題は、障害者福祉サービスの一割負担の無料化と、父子家庭の児童扶養手当の創設の二つです。この二つは、

写真 1-3
▷障害者や難病患者の方々から、多くの要望を直接お聞きしました（2009年10月、政務官室にて）。

来年度の予算に直接かかわるので年末までに財務省との交渉を決着させねばなりません。さらに、子ども手当の決着と医療の診療報酬改定も年末までが勝負です。

話は、障害者福祉に移ります。二〇〇五年一〇月、郵政選挙で大勝した小泉政権で、自立支援法は強行採決されました。低所得の障害者の福祉サービスからも月数千円の自己負担（一割負担）をとることにした自立支援法は、「生活に必要不可欠なサービスに自己負担をとるのか？」「障害が重いほど、たくさんサービスを利用せざるを得ず、自己負担も高くなる。望んで重い障害になったのではない」などと、障害者やご家族、福祉現場から激しい反対運動が起こりました（写真1-3）。

一方では、この自立支援法により、不安定な財源であった障害者福祉を、義務的経費という安定した財源に確保したいという厚労省の目的もあり、障害者団体の中でも賛否が割れていました。「障害者の自己負担が月数千円アップするのはやむを得ない」という意見も一部にはありました。

障害者自立支援法の悲劇——心中や離婚

しかし、滋賀県では、二〇〇六年一二月に自立支援法での負担増に悩む父親が、二人の知的障害のある娘さん（一四歳と一〇歳）と共に、お寺の駐車場の車の中で親子無理心中をするという痛ましい事件が起こってしまいました。妻にも先立たれた父親が、娘たちが天国に行きやすいようにと、わざわざお寺の駐車場で心中したという事件はあまりにも痛ましいものでした。この家庭では二〇〇六年一一月に母親が病死。自立支援法により、娘さんのためのヘルパーの自己負担が、月一〇〇〇円から月六〇〇〇円に増え、短期入所費も、一〇〇〇円だったものが、二万円に上がりました。自宅からは、消費者金融の督促状が見つかりました。

また、九州でも自立支援法への不安から、親が障害のある子どもを殺し、自分も自殺をはかる心中未遂事件も起こりました。さらに、保育園を利用する障害児の自己負担も大幅にアップしたことにより、将来不安が増し、私の知っているだけでも、お子さんが障害児の数組の夫婦が離婚をしました。

また、障害者施設の収入も減らされ、それによりある施設では、それまで数年にわたって、利用者の家族や地域の方々がボランティアでお店を開いて積み立てた一千万円のグループホームの建設費用を取り崩さねばならなくなってしまいました。「助けてください！　私たちが今まで積み上げてきたものが崩れてしまう」と、施設職員から涙を流して訴えられたこともありました。「天下の悪法」という非難を受け、あまりのひどさに、自立支援法が導入されたその一年後の二〇〇七年四月には、自己負担はかなり下げられました。しかし、すでに失われた命や家庭は元には戻りません。さらに軽減後も、低所得の障害者には月一〇〇〇円から三〇〇〇円程度の自己負担が残りました。

この自己負担以外にも、食費や送迎費の実費は払わねばなりません。さらに、そもそも通所の障害者施設の場合、一か月働いて障害者が得る工賃（賃金）は数千円です。必死に毎日、働いた工賃の何割かが自己負担で消えてしまうことは問題です。

私の知り合いのケースでも、養護学校を卒業されたお子さんが、通所施設で働いて初めてもらった工賃（給料）で、ご両親をファミリーレストランに連れて行って、食事をご馳走されました。ご両親は、「わが子もやっと、お金が稼げるようになった」と、涙を流して喜ばれました。

そんな尊い障害者の工賃から、自己負担を差し引くのはあまりにもひどいと、私は感じました。

「うちの息子には障害はあるけど、人間や。いじめないでほしい。悔しい！」と、涙を流すお母さんもおられました。

障害者の尊厳を踏みにじった応益負担（一割負担）。いくら国家財政が厳しいとはいえ、最も弱い立場の方々を苦しめる自立支援法は許せない。怒り心頭に達した私たちは、衆議院選挙のマニフェストに、「障害者自立支援法の廃止」「応益負担（一割負担）の廃止」を明記しました。

「ペイ・アズ・ユー・ゴー」の原則

しかし、財務省との交渉は難航しました。

「ペイ・アズ・ユー・ゴー（予算を増やすには、代替財源の確保が前提）の原則があるから、障害者サービス無料化のための代わりの財源を、他の障害者予算

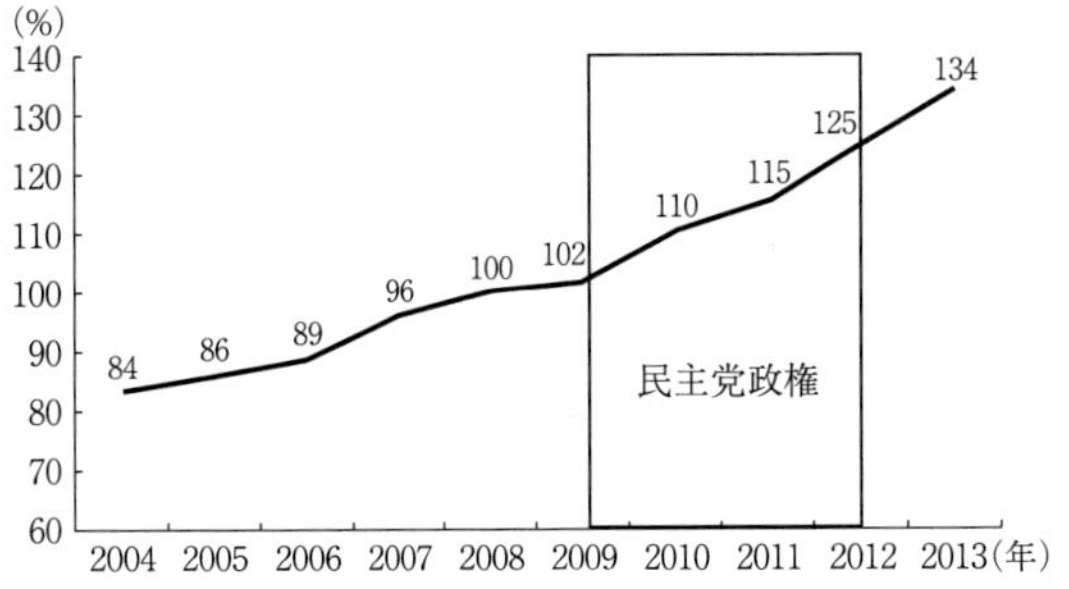

資料 1-12　障害者施策予算の推移（2008 年＝100）

▷厳しい財政状況ですが、障害者福祉予算の獲得には特に力を入れました。

出所：『障害者白書 2005-2014年版』内閣府、より山井和則事務所作成。

を削るか、他の厚労省予算をカットして用意しないとダメだ」というのが財務省の言い分。つまり、「ペイ・アズ・ユー・ゴー」の原則とは、「予算を増やしたいなら、その額の分、自分の省の他の予算をカットして用意せよ」という原則。政府の予算編成の根本方針なのです。

しかし、六〇万人の低所得の障害者（全体の九三％）の福祉サービスを無料化する財源は年一一〇億円、医療サービス（自立支援医療）の年二〇〇億円も含めれば、年三〇〇億円になります（資料1-12）。

今後毎年三〇〇億円もの財源を厚労省の他の財源を削って用意するのは無理です。万一そんなことをすれば、その削られた予算の当事者が黙ってはいません。厚労省の担当者も連日、財務省と交渉してくれました。毎晩、厚労省の担当者の報告を政務官室で聞くのですが、ゼロ回答ばかり。民主党で障害者政策に力を入れる議員や障害者の方々も連日、「厚労省、頑張れ！」と、政務官室に陳情や激励に来てくれましたが、財務省の壁は厚い。

母子加算復活の時のように、財務省の副大臣、政務官との政務三役折衝もしました。しかし、平行線。「自立支援法は廃止します。一割負担は無料化します」と、明言していた長妻大臣も必死に財務省と交渉しますが、財務大臣が会ってくれません。他の役所と交渉する時は、大臣の要望には大臣が対応。副大臣には副大臣が対応。というのが、霞が関の慣例です。しかし、予算を査定する財務省だけは特別で、他の役所の大臣の要望にも、財務副大臣に対応させることがあるのです。

その後、激しく粘り強く財務省と交渉をした結果、「障害者福祉サービスの一割負担は無料化する。しかし、医療サービス（自立支援医療）の無料化は、来年度以降の検討課題とする」ということになりました（資料1-13）。

この決着には、私も悩みました。障害者団体からは、「応益負担（一割負担）廃止、とマニフェストに書いてある以上は、医療も無料化すべきだ」と強く批判を受けました。一方、一部の関係者からは、「福祉サービスが無料化されたら、医療の多少の自己負担はやむを得ない。医療の無料化よりは、グループホームの整備などの予算を増やしてほしい」という声もありました。

医療の無料化にまでこだわれば、逆にグループホームや他の障害者予算をカットせざるを得なくなるという問題もあり、残念ながら二〇一〇年度については低所得の障害者医療の無料化は断念しました。

この二年後に自立支援法を改正。さらに、三年後に自立支援法を廃止し、障害者の日常生活及び社会生活を総合的に支援するための法律（以下、障害者総合支援法）が成立しました。しかし、医療が無料化されていないことや、多くの当事者が参加した障害者総合政策会議の骨格提言が、財源確保のメドが立たなかったなどの理由で十分に障害者総合支援法に反映されなかったことなどから、障害者団体からは「公約違反」と批判を受けることになりました。

医療の無料化ができなかったので、批判を受けるのは当然ですが、六〇万人の障害者の福祉サービス一割負担が無料化になったことは、自立支援法で傷つけら

資料 1-13　障害者サービス無料化

障害者サービス無料化

低所得者の在宅・通所利用

厚労省方針

障害者自立支援法に基づくホームヘルプなどの福祉サービスに対し、厚生労働省は14日、来年度から市町村民税非課税世帯の利用料を無料にする方針を固めた。長妻厚労相は同法の廃止を打ち出しており、廃止までの間、利用者の負担を軽減させる。この結果、「受益者負担」を原則とする自立支援法は、事実上の〝全面見直し〟状態になりそうだ。来年度予算の概算要求に300億円程度を盛り込む方針。

現行法では、ホームヘルプや就労支援などの在宅・通所サービスを利用する障害者のうち、生活保護世帯を除く利用者から、所得に応じて月1500円～3万7200円を限度に利用料を徴収している。

しかし、負担が重いとの声が強いため、来年度から月1500円～3000円を限度に利用料を支払っている市町村民税非課税世帯に対し、無料化に踏み切る。施設入所者の利用料なども軽減する方針だ。

自立支援法に基づく福祉サービスを利用する障害者は約50万人で、このうち約30万人が在宅、通所サービスを受けている。市町村民税非課税世帯は在宅、施設を含めて約75％を占めており、今回の見直しで、大半の利用者が負担軽減の対象となる見通しだ。

現行の自立支援法は2006年度の施行。「受益者負担が基本」とされ、原則1割の利用料負担を求めた。このため、それまでの制度に比べて利用料の負担が増えたことから障害者が反発。自公政権時代に2度にわたる負担軽減策もとられてきた。

利用者の負担割合が平均で利用料の3％程度にまで下がってはいるものの、なお「受益者負担」の原則を崩しておらず、一部障害者の不満は解消されていない。

長妻厚労相は、4年以内に現行法を廃止し、負担能力に応じた費用を求める「障がい者総合福祉法」（仮称）を導入する方針を打ち出している。

出所：『読売新聞』（夕刊）2009年10月14日。

れた障害者の尊厳の回復が、一歩前進したと思います。

しかし、障害者福祉の予算不足や課題は、まだまだ山積しています。引き続き、取り組みたいと思います。

5 父子家庭への児童扶養手当の創設
――「高校に行っていいよ」に涙する中学三年生

父子家庭にも経済的な問題はある

さて、二〇〇九年一二月に入っても、父子家庭の児童扶養手当創設の交渉は遅々として進みませんでした。毎晩行う政務官室での作戦会議で、厚労省の担当者から報告を聞きました。

「父子家庭の児童扶養手当の予算の交渉はどうですか?」と私が聞くと、厚労省の担当者からは「財務省は固いです。他の予算は、ゼロ回答とはいえ、交渉には応じてもらっています。でも、父子家庭の児童扶養手当は、『論外』ということで、議題にも上げてもらえません」との返事。

年収三六五万円以下の母子家庭には、児童扶養手当が子どもの数や収入などに応じて、一人当たり月一万円から四万円支給されています(家計収入が少ないと

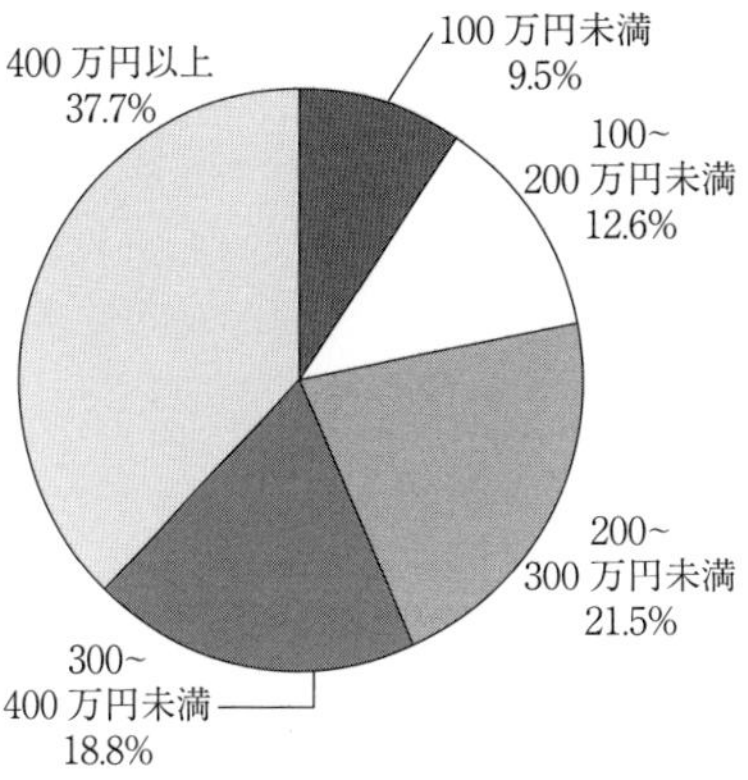

資料1-14　父子家庭の父の収入

▷子育てと仕事の両立が難しく、父子家庭のお父さんも正社員を辞め、非正規雇用にならざるを得ない人が増えており、それが父子家庭の貧困に拍車をかけています。

出所：「平成23年度全国母子世帯等調査結果報告」（厚生労働省）より山井和則事務所作成。

支給額が増える）。しかし、低所得の父子家庭には一銭も支給されないのです。対象と見込まれる父子家庭は、約一〇万世帯、約一五万人の子ども。予算額は国の負担が年間一〇〇億円。都道府県と市町村が合計で倍の二〇〇億円。合計で年間三〇〇億円の予算です。

これは明らかに差別です。父子家庭の会から要望が来ました。市長会など多くの自治体からも過去一〇年以上、要望が来ています。しかし、今まで実現しませんでした。

理由は、「父親のほうが母親より給料が高い」。「父親は正社員になれる可能性が高い。」ということです。しかし、それは理由になりません。なぜなら、「三〇〇万円以下」という条件があるから、そもそも低所得の父子家庭にしか支給されません。

実際、正社員である父親が、父子家庭になると、子育てのために残業ができなくなり、解雇され、低賃金の非正規雇用になる事例も多くあります。父子家庭でも、子育てと仕事の両立が大変なのです（資料1-14）。

また以前訪問した児童養護施設でも、「父子家庭の子どもが多い」という話を聞きました。つまり、母子家庭よりも父子家庭のほうが、子育てと仕事の両立が困難で、お父さんがいるにもかかわらず経済的理由で、養護施設に入らざるを得ない子どもが多いのです。経済的な理由で、親子が離れ離れになる。そんなひどい話はありません。改めて私は、父子家庭の児童扶養手当を創設せねばと痛感しました。

父子家庭の児童扶養手当の創設が難しいのは、これが実現すると、母子家庭に限定されている他の福祉制度まで、連鎖反応で、父子家庭にも対象が広がりかねないことです。もちろん、それはあるべき姿なのですが、財政当局からすれば、困る話なのです。

子ども手当と両方は無理だといわれる

ある厚労省の幹部からも言われました。「父子家庭の児童扶養手当はあきらめたほうがよい。担当部局は、子ども手当と同じ部署なので、大きな子ども手当の創設の準備で必死の状態。来年の通常国会で子ども手当法案を成立させるだけでも難事業なのに、さらに父子家庭の児童扶養手当の法案の準備までするのは、担当部署の人員からして対応できない」。

財務省の壁は厚く、私は胃の痛くなる思いでした。政務官室には連日、児童扶養手当を心待ちにする父子家庭の方々がお子さんを連れて陳情に来られました。心臓病のお子さんと一緒に来られ、「この子の将来のためにも児童扶養手当を！」というお父さん。妻が亡くなり、息子さんが発達障害のため、学校へ付き添いが必要になったお父さん。保育所への送迎をしたら、「定時に帰る男性社員は要らない」と解雇され、精神的に追い込まれ、うつ病になってしまったお父さん。父子家庭のお父さん方のご苦労には本当に頭が下がります。

児童扶養手当は、年一〇〇億円の国負担以外に、地方自治体が二〇〇億円負担するため、総務省との交渉も難航しました。厚労省と財務省との交渉では決着せず、与党、民主党と政府との交渉でも決着しませんでした。

そこで、当時連立を組んで与党であった国民新党、社民党の議員にも頼み込みました。連立与党と政府との政治折衝が、最後に残っていたからです。私は、連立与党の国会議員の部屋をひそかに訪れ、「党の重点要望（これだけは予算付けしてほしいという党の最優先要望）に、父子家庭の児童扶養手当を入れてほしい」と頼み込みました。連立与党の議員は、快諾してくださり、党が政府に提出する「重点要望」に、父子家庭の児童扶養手当を入れてくれました。最後の連立与党と政府との折衝も終わり、いよいよ一二月二三日に来年度予算の最終決定がなされました。最終決定の書類を見て驚きました。なんと父子家庭の児童扶養手当は、来年度八月から実施で五〇億円（八か月分）の予算がついたのです。

厚労省の担当者からの報告によれば、今日までの担当者レベルの交渉に加え、連立与党の重点要望にも入ったので、予算に潜り込ませることができたとのこと。厚労省の担当者に何度もお礼を言いました。最初の支給として、翌年八月から一一月の四か月分の支給が、翌年一二月に初めて支給されることに決まりました。

数年ぶりにクリスマスプレゼントが買えます！

父子家庭の会のお父さんたちからは、「児童扶養手当決定のニュースは、子ど

写真 1-4
▷父子家庭のお父さん方から、「児童扶養手当が創設されて本当に助かっている」と喜びの声をお聞きしました（2012年9月）。

もたちへの最高のクリスマスプレゼントです。来年のクリスマスには、数年ぶりに子どもたちにクリスマスプレゼントが買えます」と、お礼を言われました。この決定は、一二月二三日。クリスマスの前々日でした。

しかし、この話には、少し続きがあります。翌年の三月、父子家庭にも児童扶養手当を支給するための児童扶養手当法改正法案の審議で、私が政務官として答弁に立ちました。すると、野党議員から逆に追及されることになってしまったのです。「父子家庭の児童扶養手当創設は、与党時代、過去何年もずっと主張してきたが、実現できなかった。昨年も要望したけど実現できなかった。なぜ、今回、急に実現できたのか？」と、不機嫌に議員は質問しました。私は、「今日までの先生方の長年のご努力が実って、やっと今、実現が決まりました」と、答弁をしました。

翌二〇一〇年八月分からやっと父子家庭、一〇万世帯、約二〇万人の子どもたちに児童扶養手当が支給されました。この手当は、四か月分ずつ年三回支給されるので、最初の支給は二〇一〇年一二月に八月〜一一月分が支給されました。一二月に支給されたので、父子家庭のお父さんたちからは「大きなクリスマスプレゼントだ！」と、喜んでもらえました（写真1-4）。「お母さんが亡くなってから数年、クリスマスプレゼントが買えなかったけど、手当が出たので、数年ぶりにクリスマスプレゼントを子どもに買えた」という声も聞きました。

また、ある父子家庭のお父さんは、家が貧しく、高校進学をあきらめていた中

資料 1-15　児童扶養手当の創設以降の父子家庭支援の拡充

2010 年 8 月	父子家庭にも児童扶養手当を支給（最初の支給日は 12 月）
2012 年 8 月	遺族基礎年金の支給対象を父子家庭にも広げる年金改革法成立（施行は 2014 年 4 月）
2012 年 9 月	母子家庭の母・父子家庭の父の就業支援特別措置法成立
2013 年	父子家庭にも高等技能訓練促進費支給方針
2014 年	父子福祉資金制度（父子家庭に修学資金、生活資金等を貸し付ける制度）の創設 （母子及び父子並びに寡婦福祉法）

出所：厚生労働省資料。

学三年生の我が子に、「児童扶養手当が今年からもらえるようになったし、高校授業料も無償化になったので、高校に進学しても大丈夫だよ」と、言いました。あとでお父さんが子どもの部屋をのぞくと、そのお子さんは高校を受験できることが決まって、喜びで泣いていたそうです。この手当は、低所得の父子家庭一〇万世帯、約二〇万人の子どもが対象です。その子どもたち一人ひとりの幸せに、この手当が役立っていることを祈っています。

なおその後、予想通り、父子家庭の児童扶養手当の創設が突破口になり、今まで低所得の母子家庭にしかなかった支援制度の多くが、父子家庭にも適用が拡大しました（資料1-15）。

振り返ってみれば、母子加算復活、障害者サービスの無料化、父子家庭の児童扶養手当創設と、財務省とは激しい衝突の三か月間でした。しかし、結果的には、満額ではないですが、おおむね私たちの予算要求は財務省に認められました。すべて政権交代なくしては、不可能であったと思います。財務省には感謝していますし、何よりも厳しい交渉を財務省と連日行ってくれた厚労省の担当者のおかげで、予算が獲得できたのだと感謝しています。

6 「子ども手当」の意義と限界
――中学生まで拡大するも二万六〇〇〇円は断念

マニフェスト違反と批判をうけた子ども手当

厚生労働関係の中で最も大きなマニフェストは子ども手当の創設でした。政権交代前の児童手当は、三歳から小六（第一、二子）までは月五〇〇〇円、三歳未満と第三子の小六までは一万円でしたが、子ども手当は、対象を中三まで拡大し、一年目には、まず月一律一万三〇〇〇円に引き上げ、二年目以降は、月二万六〇〇〇円に引き上げることを目指していました。

しかし、二年目以降の二万六〇〇〇円の満額支給ができなかったため、「マニフェスト違反」と強いお叱りを受けました。これは、財源確保の見通しが甘かったことが原因で、率直にお詫びをせねばなりませんし、結果的には、野党との協議の中で、名称も元の「児童手当」に戻りました（資料1-16）。

かろうじて、支給年齢は中学三年生まで拡大しました。

二〇〇九年九月に私は厚生労働大臣政務官に就任しましたが、翌二〇一〇年四月分からの子ども手当を六月には支給せねばなりません。そのためには、財務省

資料 1-16　児童手当と子ども手当の支給額の比較

		2009年までの児童手当法（～2009年度）	子ども手当法（2010年4月～2011年9月）	子ども手当特別措置法（2011年10月～2012年3月）	2012年以降の新児童手当法（2012年4月～）
支給対象となる児童・支給額（月額）	3歳未満	10,000円	一律　13,000円	15,000円	15,000円
	3歳～小学校修了（第1子・第2子）	5,000円		10,000円	10,000円
	3歳～小学校修了（第3子以降）	10,000円		15,000円	15,000円
	中学生	支給せず		10,000円	10,000円
	その他	—	—	—	所得制限超 5,000円 ＊法令の付則による特例給付（2012年6月～）
所得制限		あり 被用者：年収860万円（専業主婦、児童2人世帯の場合）＊扶養親族等の人数により差がある	なし	なし 【特別措置法　付則】 •2012年6月分から所得制限を実施 •所得制限を超える者に税制上・財政上の所要の措置を講じる	あり 年収960万円（専業主婦、児童2人世帯の場合）＊扶養親族等の人数により差がある ＊3党合意：年収960万円程度（夫婦・児童2人）

▷中学生にも支給されることになったのは一歩前進。

出所：政府資料より山井和則事務所作成。

と財源確保の交渉をすると共に、二〇一〇年三月までに「子ども手当法案」を国会で成立させ、市町村の事務が間に合うように急ピッチで制度の詰めを急がねばなりませんでした。

結果的に、一年目は一律一万三〇〇〇円でしたが、二年目以降は、野党との協議の結果、三歳から中三までは月一万円、三歳未満と三歳以上の第三子以降の小学生は一万五〇〇〇円となりました。また、野党の要望により、三年目以降は、名称が「児童手当」に戻りました。

財源規模では、二〇〇九年度までの「古い児童手当」は年一兆円でしたが、二〇一二年度以降の「新しい児童手当」は、年二・三兆円に増えました。ただ、所得税、住民税への年少扶養控除などの廃止（年約一・一兆円）による増税分を差し引くと、年一・二兆円程度となり、児童手当は約

資料 1-17　児童手当の増分と扶養控除の廃止による負担増の比較

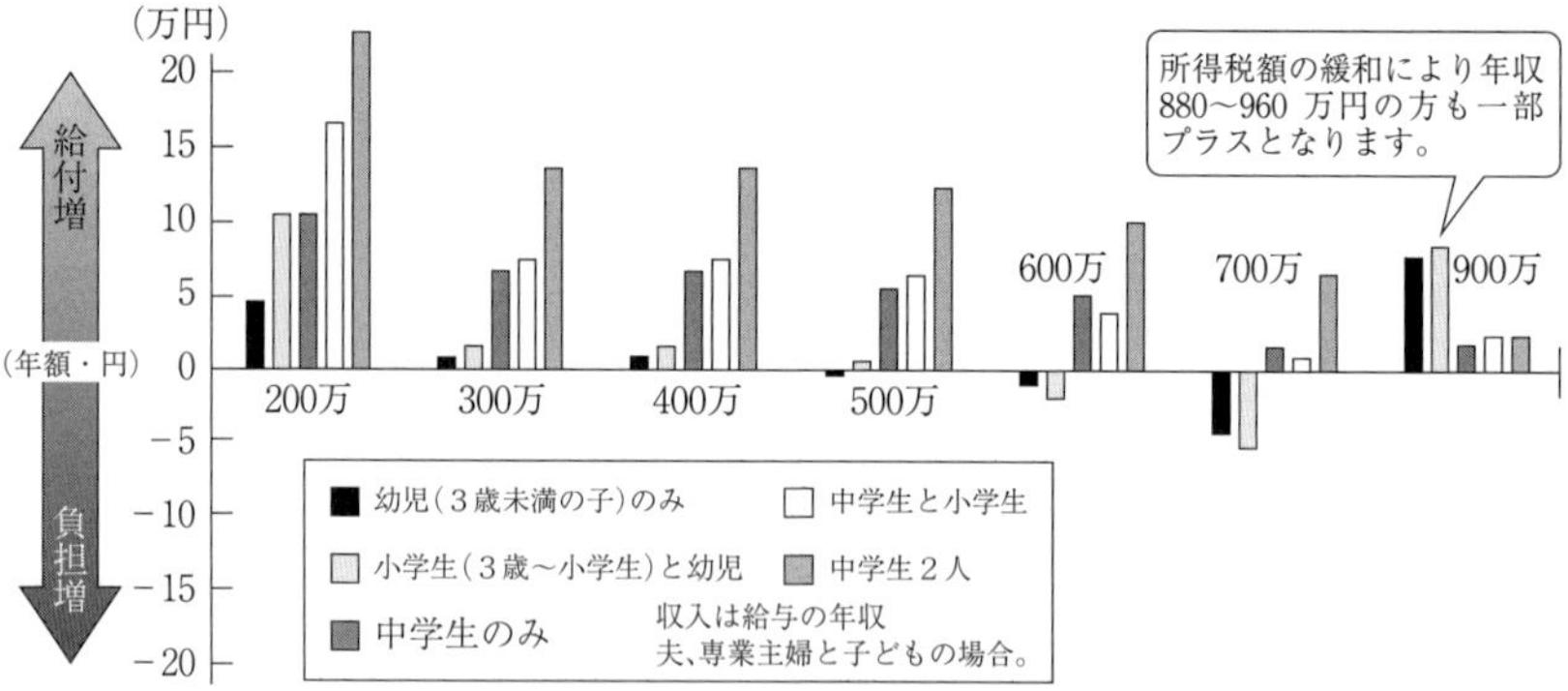

▷児童手当の増額分を「給付増」、所得税・住民税の 16 歳未満の子への扶養控除廃止による増税分を「負担増」とし、合計でいくら給付増・負担増となるのか試算しました。中学生までの総支給額は、一部の高額所得者を除き、みんな増えています。

出所：政府資料より山井和則事務所作成。

一・二倍に充実されました（資料1-17）。

「児童手当」に名称は戻ったが、中学三年まで拡大、総支給額は増加

ただ一・二倍の児童手当の予算額というのは、あくまでも平均であり、子どもの年齢や人数、家庭の所得により、支給額アップの額は異なります。ごく一部の高所得世帯では、扶養控除の廃止との差し引きで支給が減るケースも出ました。しかし、中学三年までのトータルで考えれば、ほとんどすべての世帯で生涯の支給額はアップしました。

また、扶養控除を廃止し、児童手当を引き上げたことは、低所得世帯に有利で、高所得世帯に不利な改正であったとも言えます。なぜなら、扶養控除は、低所得者よりも高所得者に有利な制度だからです。その意味では、子ども手当の理念は、子育て家庭における格差是正も目指すものでした。

子ども手当の満額二万六〇〇〇円（月）が実現できなかった最大の理由は、財源確保のメドが立たなかったことです。それに加えて、二〇一〇年の参議院選挙で民主党が大敗し、参議院で過半数割れし、「ねじれ国会」になったことも原因です。「ねじれ国会」になり、野党の賛同がなければ、一本の法律も成立させることができなくなりました。

そのため、野党とギリギリの協議をした結果、「支給額をさらに引き

資料 1-18　保育所定員と待機児童数の推移

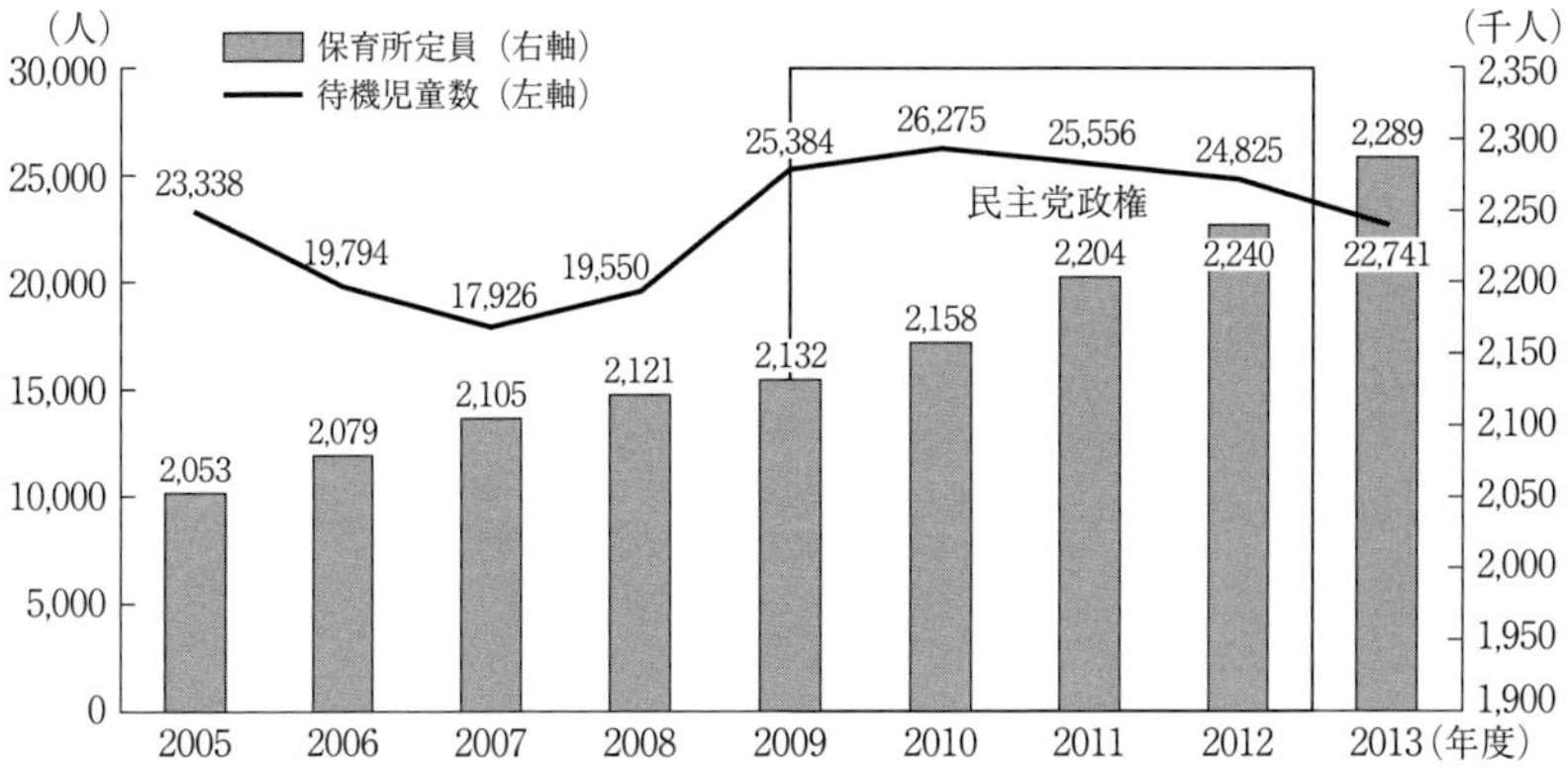

▷子ども手当という現金給付と共に、保育所整備にも力を入れ、2010 年度からは待機児童が減少に転じました。

出所：「平成24年社会福祉施設等調査」（厚生労働省）より山井和則事務所作成。

上げたい」、「子ども手当の名称を残したい」という民主党の意向を断念することと引き換えに、三年目以降の「新しい児童手当」へと「子ども手当」が移行することになりました（「子ども手当二〇一二年度廃止。民自公合意。児童手当が復活」『日本経済新聞』二〇一一年八月四日）。

「児童手当か、子ども手当か」という名称の問題は、政党にとってはメンツのかかった問題ですが、国民にとっては、どちらでもよい話です。それよりも私たちは、子ども手当により引き上げた支給額や中学三年までの対象拡大を三年目以降も存続したいと考えました。

当時「子ども手当」は「バラマキ」という批判を受け、自民党は大反対で、国会審議も紛糾しました。そのため、中学三年まで支給を拡大する「子ども手当法案」は二〇一〇年三月に、強行採決でやっと成立させることができました。しかし、自民党政権に戻ってからも、中学生への支給をやめて「古い児童手当」に戻そうという声は全く出てきません。やはり、少子高齢社会において、手当の充実は、党派を超えて、国民の願いなのであり、方向性は正しかったのです。

さらに、このような手当だけでなく、二〇一〇年度には、私たちは保育園を大幅に増やし、待機児童対策にも力を入れました。その結果、二〇一一年度には四年ぶりに待機児童が減りました（資料1-18）。

政権交代前までは、社会保障といえば、医療、年金、介護が中心で、子育て支援は後回しにされがちでした。そんな中、子ども手当の議論により、史上初めて子育て支援が国政の大きなテーマとなりました。少子高齢化が進む中、「人生後半の社会保障」だけでなく、子育て支援のような「人生前半の社会保障」を一歩でも前進させたいと考えています。

7 両親のいない子どもや虐待された子どもへの手当の創設
——児童養護施設の子どもの涙

さて、話は再び二〇〇九年度末の予算折衝の話に戻ります。

子ども手当と児童手当は、単に名前が違うだけでなく、理念も少し異なりました。子ども手当は、児童手当に比べれば、より「社会が子どもを育てる」という意味が強いのです。その子ども手当の中で、私が最もこだわったのが、児童養護施設に入居している両親のいない子どもや虐待された子ども、約八〇〇〇人への手当の支給でした。初年度の子ども手当を翌年の四月分からの支給に間に合わせるために、「子ども手当法案」は、児童手当法の改正で、支給額を一律一万三〇〇〇円に増やし、対象も中学三年までに拡大する形をとりました。

しかし、児童手当の理念は、あくまで「親に支給する」というものなので、児

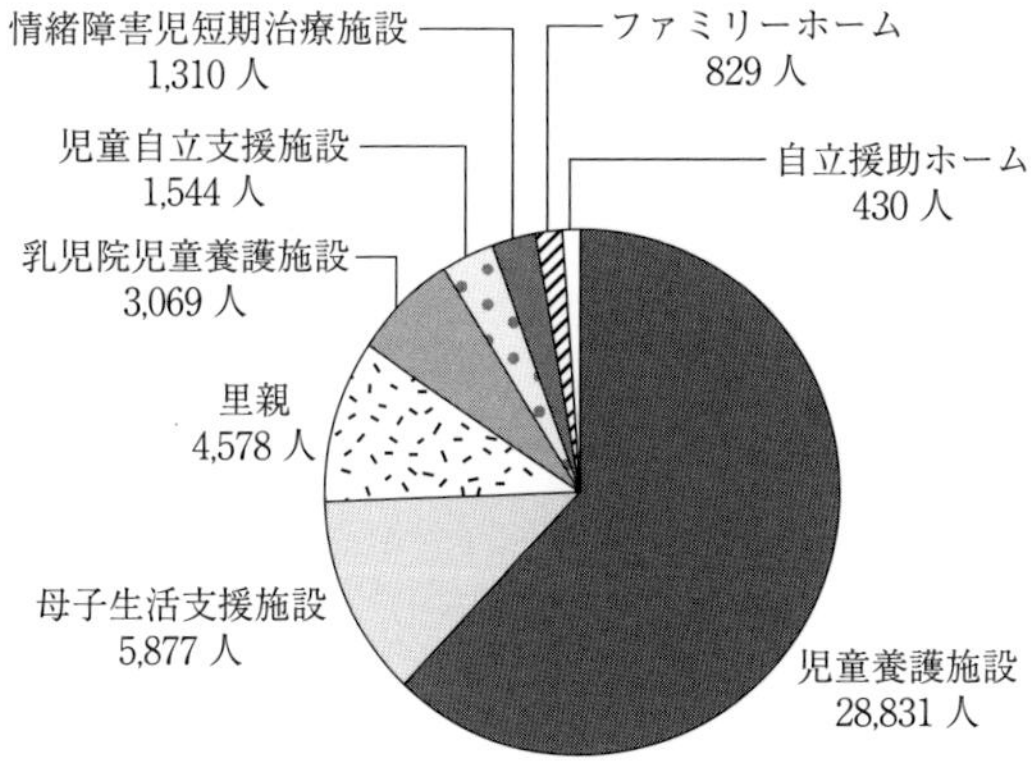

資料1-19　社会的養護の内訳
▷家庭崩壊や児童虐待が増え、社会的養護を必要とする子どもが増えています。
出所：「平成24年社会福祉施設等調査」（厚生労働省）より山井和則事務所作成。

童養護施設や里親に預けられている両親のいない子どもや虐待を受け親が面倒を見ていない子どもには、手当が出ないのです。しかし、子ども手当は「親でなく、子どもに支給する。しかし、形としては、親に支給する」という考え方に立っているので、両親のいない子ども、虐待を受けて親が面倒を見ていない子どもも受け取る権利があるのです。

恥ずかしながら、私も政務官になって初めて、今までの児童手当が両親のいない子どもや虐待を受けている子どもに支給されていなかったことを知りました。施設などで社会的養護を受けている子どもたち約五万人のうち（資料1-19）、両親のいない子どもや虐待を受けて親から面倒を見てもらっていない子ども（中学三年生まで）は全国に約八〇〇〇人。その中には、児童養護施設のみならず、里親のもとに暮らす約一五〇〇人、乳児院（三歳未満）に暮らす約六〇〇人なども含まれます。月一万円ずつ他の子どもと同様に手当を出すには、年一億円の財源が新たに必要です。しかし、両親のいない子どもや虐待された子どもたちは世の中で最も社会の手助けが必要な子どもたちです。その子どもたちに子ども手当が出ないなんてことはあってはなりません。

児童手当が出ていなかった八〇〇〇人の子どもたち

厚労省の担当者は、難色を示しました。「子ども手当法案」に野党の理解を得るのは至難の業なのに、おまけに今まで児童手当の対象になっていなかった両親のいない子どもや虐待された子どもを新たに支給対象に加えると、財源確保が難しいだけでなく、野党の賛同も得にくいと心配したようです。

しかし、私は、「両親のいない子どもや虐待を受けた子どもは、一般家庭の子どもよりもはるかに苦労しています。本当なら倍くらい子ども手当を支給してもよいくらいです。なのに、一銭も出さないなんておかしい。そもそも毎日のように子ども手当のことがテレビでも報道され、子どもたちの中でも、『子ども手当で何を買ってもらう?』などと、話題になっています。にもかかわらず、子どもを幸せにするための子ども手当が、両親がいなかったり、虐待されたりして、最も苦しんでいる子どもたちに支給されないのはおかしい!」と、主張しました。

しかし、財務省も難色を示しました。厚労省の官僚からも、「絶対に無理です。もし、どうしても支給したいなら、私をクビにしてからやってください。来年度はあきらめて、さ来年度からの導入でもよいじゃないですか。準備も間に合いません。ただでさえ子ども手当法案を野党の反対の中で成立させるのは困難なのに」と、強い反発を受けました。当時、子ども手当は「バラマキ」だと、野党から強い反発を受けていました。

一方、一二月に民主党の厚生労働部門会議に私が出席し、「子ども手当法案」作成の途中経過を説明した際にも、この問題に批判が集中しました。「両親のいない子どもに手当が出ないような『子ども手当法案』は、民主党として認められない!」との厳しい意見が続出。ある女性議員からは涙ながらの抗議を受けました。逆に、私が頭を下げて、「両親のいない子どもにも必ず支給するようにする」と、厚生労働部門の民主党議員に約束をしました。

その後、長妻大臣を囲んで、厚労省の幹部と両親のいない子どもへの手当の議論をしました。しかし、相変わらず、官僚からは、「あきらめてください。無理です」との意見。恥ずかしながら、この時だけは、私は机を叩いて主張しました。『両親のいない子どもや、虐待を受けている子どもには手当は出ません』。そんな答弁で、子ども手当法案の国会審議が乗り切れるはずがないでしょう！」と。

国会審議を口実にしましたが、この機会に両親のいない子どもの手当を創設しないと、両親のいない子どもや虐待を受けた子どもには永遠に手当を支給できないと考え、私も必死でした。今しかチャンスはない。ここでひるんではならない、と感じました。貧困家庭の子どものことになると、私はむきになってしまいます。長妻大臣から、改めて担当者が財務省と粘り強く交渉するようにと、指示が出ました。厚労省の担当者は、必死に交渉してくれました。

その結果、「子ども手当」本来ではないけれど、「安心こども基金」（保育所整備などの子育て支援目的の基金）という財源を活用して、初年度から両親のいない子どもや虐待された約八〇〇〇人の子どもに、子ども手当と同額の手当が支給されることになりました。

その報告を聞いたとき、私は厚労省の担当者に「良かった！」「有難うございます！」と、手を握り締めて、何度もお礼を言いました。厚労省の担当者が「安心

写真 1-5
▷学生時代にボランティアをしていた児童福祉施設を久しぶりに訪れ、子どもたちと囲碁を楽しみました。ちなみに、私は中学時代は囲碁部と卓球部に入っていました。

こども基金」活用という、良いアイデアを考えてくれたのでした。

この手当は、形としては、児童養護施設や乳児院、里親に手当が支給され、両親のいない子どもたち、虐待された子どもたちのために使われることになります。初年度は、「子ども安心基金」から支給し、二年目の二〇一〇年一〇月からは正式に「子ども手当」として支給することになりました。

面会に来ない親よりも、施設や里親に支給

さらに、児童養護施設や里親のもとで暮らす子どもたちを応援するもう一つの改革をしました（写真1-5）。

それまで子どもが施設や里親に預けられている場合は、親が離れて住んでいても子どもの面倒を見ていると判断された場合は、児童手当は「親への支給」が原則であったため、親に支給されていました。そのため、親が施設に面会にほとんど来ないケースなどは、児童手当が子どものために使われていない、という批判が、施設や里親から出ていました。

そのため、里親や児童養護施設の施設長からは、長年、「児童手当は施設や里親に出してほしい。そうすれば、必ず一〇〇％子どもたちのために児童手当を有効利用する」との要望が出ていました。

しかし、厚労省はそれまでは、「児童手当が施設に支給されるなら、児童手当が自分たちがもらえなくなることを理由に虐待している子どもを手放さず、施設

に預けない親が増える。虐待をしている親から子どもを引き離し施設に早く移さないと子どもの身にさらなる虐待という危険が及ぶ場合もある。よって、児童手当は施設や里親には出せない」との立場でした。

厚労省の言い分もわからないではないですが、やはり、施設への面会にもあまり来ない親や、実質的に自分のために児童手当を使い、子どものために使わない親に児童手当を払うのはおかしいです。そのような議論を重ねた上で、今まで親に出ていた児童手当を、施設長や里親に支給することに変えました。

なお、両親のいない子どもへの手当については、後日談があります。翌年、参議院選挙で民主党が大敗したため、ねじれ国会になりました。その結果、野党の賛成なくしては、二年目以降の「子ども手当法案」は成立しなくなりました。

その与野党の交渉の中で、野党が逆に、「両親のいない子どもに手当が出るようにしないと、子ども手当法案には賛成できない」と、要望が来たのです。政権交代前の児童手当では、両親のいない子どもには支給されていませんでしたが、一度支給した以上支給を止めてはならないと、強い要望が野党から来たのです。

このような要求が来たのは、児童養護施設の団体からも「両親のいない子どもの手当は、存続してほしい」と、強い要望があったからです。

ある児童養護施設の施設長が言っておられました。「うちの施設のある両親のいない子どもが、今年初めて手当をもらいました。彼は、『悔しい！』と泣きました。その理由は、今まで親がいる子どもに児童手当が出ていたことをその子どもは知らなかったからです。自分に手当が初めて、支給されて、今まで両親がいないという理由で、自分が対象からはずされていたことを知り、『自分は親がいないだけでも、苦しめられているのに、おまけに、手当まで今までもらえてなかったのか！　どうして自分はそこまで差別されないとダメなのか！　悔しい！』と、畳をかきむしって彼は泣きました。そんな子どもたちに、いまさら手当がもらえなくなるなんて、残酷なことは言えません」。

このような交渉の結果、あっさり両親のいない子どもへの手当は、二年目の二〇一〇年一〇月以降の子ども手当に正式に組み込まれ、三年目以降、名称が児童手当に戻ってからも、永遠に続くことが確定しました。

児童養護施設退所時の自立資金に活用——住む家もない子どもたちを応援

では、この両親のいない子どもへの手当は、どのように子どもたちのために使われているでしょうか？　制度導入後、三年が経った二〇一三年にいくつかの施設を通じて聞いてみました。

「就職活動用のスーツを買った」。

「施設の職員さんと一緒に初めて一泊旅行に行く費用に充てた」（その子どもは、生まれてから家族旅行に行ったことがなかったので、大変喜んだそうです）。

その他、一番多いのが貯金でした。一八歳で児童養護施設を退所し、社会に出て、自立する時のために施設が手当を本人の了解を得て、積み立てておき、高校卒業時に渡すのです。児童手当は三歳未満は月一万五〇〇〇円、年一八万円。それ以降は月一万円、年一二万円。中学三年まで支給されるので、ゼロ歳から乳児院、児童養護施設に入っている子どもの場合は、一五年間で一九八万円。小学校一年生から中学三年生までだと一二万円を九年間で一〇八万円が積み立てられます。

児童養護施設では、一八歳で施設を出るときに、就職や進学のための自立支援金として約三〇万円が渡されます。しかし、施設を出て、住む家もない状況で、三〇万円の自立支援金だけでは自立できないのです。就職するにも住む家がありません。部屋を借りるにも、敷金、礼金がかかります。住み込みの寮などがある仕事や旅館やパチンコ店や、一部の工場と限られています。住まいがないと就職先の選択肢が大幅に制限されます。大学や専門学校に進学したいと思っても、いくらアルバイトや奨学金を借りたとしても、自立支援金三〇万円では足りません。

私が訪問した児童養護施設で、ある高校生に「将来の夢は何？」と聞いたところ、彼女は、しばらく黙った上で、「夢は持てません。夢を実現するにもお金がかかるから」と答えました。私は、絶句しました。確かに、住まいのあてもなく、三〇万円のお金だけで、施設から出される子どもたちは、将来の夢を持つ余裕さえないのかもしれません。

そんな児童養護施設の子どもたちにとっては、年間一二万円（三歳未満は年一八万円）の手当が毎年、貯金されていることは大きな自立支援になります。両親

写真 1-6
▷児童養護施設を訪問した際に子どもたちからもらった寄せ書き。2010 年。

のいない子どもへの手当はスタートして、まだ五年目ですが、毎年貯金がたまっていることになります（写真1-6）。自立支援金が三〇万円から大幅に増えたようなものです。

私が施設で出会った子どもたちは、この手当の貯金で、「部屋を借りて、自立の一歩に使いたい」。「専門学校に行って資格をとる授業料に使いたい」。「就職のために、自動車の免許を取りたい」と、うれしそうに語ってくれました。今後、ますます児童手当の貯金は一年、一年、児童養護施設の子どもたちのために積み上がっていき、ゼロ歳から中学三年まで施設にいる子どもには一九八万円、小学一年生から中学三年まで施設にいる子どもには一〇八万円が積み上がります。

この貯金により、就職や進学、快適な部屋を借りることなど、児童養護施設の子どもたちの夢の実現の手助けとなることを祈っています。

コラム① 三〇年ぶりの児童養護施設の人員配置基準引き上げ——学生時代からの悲願実現

児童養護施設については、もう一つ書きたいことがあります。児童養護施設の職員配置基準が二〇一一年四月に、子ども対職員の比率が、六対一から五・五対一に引き上げられました。三〇年ぶりの引き上げです。五〇人規模の施設で、職員が一人増えるという感じです（資料1-20）。

これは私が政務官の時に、何とか引き上げたいと取り組みましたが、実現できませんでした。しかし、引き続き取り組み、二〇一一年四月にやっと実現しました。これまでは、虐待を受けた子どもの数に応じて、専門的な職員の配置の加算をするという形で、少しずつ職員が増やされてきました。しかし、基本となる職員配置基準が引き上げられたのは三〇年ぶりです。

学生時代に母子寮（当時、現在は母子生活支援施設）でボランティアをしていて私が最も痛感したのは、施設の職員数が増えたら、もっと子どもたちが喜ぶのになあ、ということです。母子寮や児童養護施設には、親から虐待を受けた子どもたちが年々、増えています。単なる貧困が原因ではないのです。虐待を受けた子どもたちは、心が傷つき、人間関係を築くのが苦手です。つまり、人間不信なのです（写真1-7）。

そんな子どもたちを優しく支えるには、多くの職員が必要です。さらに、十分な専門的な知識や経験をもった職員が必要です。まえがきにも書いたように、私も母子寮でボランティアしながら、苦しむ子どもたちと出会い、大学卒業後、このまま母子寮に職員として就職し、子どもたちを支えようかと悩みました。しかし、私が政治を志したのは、自分一人が母子寮職員になったとしても、人生で自分一人が接することができる子どもたちの数は限られている。それよりも政治家になって、児童福祉施設の職員配置基準を引き上げたい、と、大学生であった私は考えました。

母子寮ボランティアから三〇年かかりましたが、やっと悲願の職員配置基準を引き上げることができました。さらに将来消費税が一〇％になった時には、五・五対一からさらにアップで四対一に引き上げるという方向性を民主党政権では決めました。今は自民党政権ですが、予定通り、消費税が一〇%にアップする際には、四対一に職員数が増えるように、引き続き取り組んでいきます。

やっと両親のいない子どもや虐待を受けた子ども約八〇〇〇人にも手当が支給され、児童養護施設の職員配置基準も引き上がりました。ほんの小さな一歩前進です。

資料 1-20　将来の養護施設の職員を 4：1 に

養護施設の職員増員

厚労省 新基準　児童4人に1人配置

虐待や親の病気などで家庭にいられない子どもたちが暮らす児童養護施設で、職員の配置が手厚くなる。厚生労働省が30日、子ども4人に対して最低でも職員1人を置く新しい基準を公表。虐待を受けた子どもの支援を充実させる狙いだが、現場からは「まだ不十分」との声も上がる。

児童養護施設の配置基準は、省令で1979年から据え置かれている。厚労省はこの日、小学生以上で子ども6人に職員1人という現行基準を、4人に1人に引き上げる目標＝表＝を検討委員会に示し、了承された。配置増に必要な国費は200億円と試算。2013年度開始の新しい子育て支援制度の中で予算化し、基準を見直す予定だ。

児童養護施設数は全国で587カ所（4月現在）。かつては親の離婚や借金苦などの家庭事情が多かったが、最近は虐待を避けるための入所も増え、今では約3万人の子どもの半数は虐待を受けた経験がある。障害児も2割を占め、この10年で倍増した。

検討委メンバーの一人、児童養護施設・二葉学園（東京都調布市）の[redacted]施設長によると、虐待被害児は職員に暴言を吐き、物を投げつけることで自分を受け入れてもらえるか試す傾向が強く、職員の肉体的、精神的な負担も重いという。そのため、武藤さんは「支援計画を立てて適切に対応し、職員が辞めずに働ける条件を整備するのであれば、子ども1人に対して職員1人まで増やさないといけない」と主張する。

また、厚労省は子どもの保護を目的に受け入れる施設を分散する案も検討委に提示。現在は児童養護施設や乳児院が9割を占めるが、小規模なグループホームで3分の1、里親やファミリーホームでも3分の1と、それぞれで分担する構想を示した。（及川綾子）

■児童養護施設の職員1人あたりの子どもの数　（人＝配置基準）

対象の子ども	現行	目標
0歳児	1.7	1.3
1歳児	2	1.3
2歳児	2	2
幼児	4	3
小学生以上	6	4

出所：『朝日新聞』2011年7月1日。

写真 1-7　母子寮でのボランティア

▷大学時代に 6 年間、母子寮という児童福祉施設でボランティアをしました。これは子どもたちとハイキングに行った時の写真です。この子どもたちとの出会いが、私の人生を変えました。

8　史上初「子どもの貧国率の公表」──役所の抵抗

「簡単に計算できません」

話は、少しさかのぼります。政務官に就任した直後の二〇〇九年一〇月四日に、NHKスペシャル「しのびよる貧困　子どもを救えるか」にテレビ出演することになりました。

テレビ出演の前に、厚労省の担当者から私に発言メモがファックスで届きました。その発言メモで一つひっかかったのが、「番組の中で、もし『子どもの貧困率（子どもがいる世帯の相対的貧困率）を公表してほしい』と言われたら、『困難である』と、回答」と、書かれていたことです。

相対的貧困率とは、国民の年収（等価可処分所得）の中央値の半分未満の金額である人口が全人口に比して何％いるかという数値です。OECD諸外国はすでに公表していました。そういえば以前から、「なぜ、日本は子どもの貧困率を公表しないのか？　他の先進国はみんな公表しているのに。数値は簡単に出せるはずなのに、貧困率が高いから恥ずかしくて公表したくないのではないか？」と、貧困問題の関係者から苦情が出ていました。

資料 1-21　ひとり親世帯　貧困率 5 割超　日本、OECD で最悪

ひとり親世帯　貧困率5割超

日本、OECDで最悪

厚労省調べ

厚生労働省は13日、国民の経済格差を表す指標の一つの「貧困率」のうち、ひとり親世帯の貧困率が2006年に54・3%だったと発表した。経済協力開発機構（OECD）が算出した00年代半ば時点ではOECD加盟国中最悪。山井和則厚労政務官は「各国の貧困率の推移に大きな変化はなく、現在も日本が最悪」とみている。

同省は10月、06年の全世帯の貧困率（15・7%）を初公表、今回はより対象を絞って公表した。

今回の調査は3年に1度実施する国民生活基礎調査から算出。子供がいる現役世帯（世帯主が18歳以上65歳未満）の貧困率は12・2%だった。

年間所得の中央値は228万円で、貧困率の対象となるのは114万円未満。ひとり親世帯の貧困率は1997年が63・1%、00年が58・2%、03年が58・7%だった。子供がいる現役世帯の貧困率は、97年が12・2%、00年が13・1%、03年が12・5%だった。

ひとり親世帯の貧困率低下について、山井政務官は「経済情勢悪化で全世帯の所得が低下しているためで改善ではない」と分析。「保険料や税金など所得再配分で、子育て世帯のお金が高齢者へ移っている」という。この貧困率改善が全体の底上げ要因となるとみており、子ども手当などの改善策を推進するとした。

主要各国の貧困率（%）	ひとり親世帯	子どもがいる現役世帯
デンマーク	6.8	2.2
スウェーデン	7.9	3.6
フランス	19.3	6.9
英　国	23.7	8.9
ＯＥＣＤ平均	30.8	10.6
ドイツ	41.5	13.2
カナダ	44.7	12.6
米　国	47.5	17.6
日　本	58.7	12.5

（注）2000年代半ばに調査実施。調査時期は国により異なる。ＯＥＣＤまとめ

▼貧困率　国内の低所得者の割合を表す指標。全世帯の可処分所得を1人当たりに換算して高い順に並べ、中央値の半分に満たない人の割合を「相対的貧困率」と呼ぶ。これに対し、生きていくのに欠かせない最低限の生活水準を保てない人の割合を示す「絶対的貧困率」もある。

「絶対的貧困率」の定義は「1日の所得が1ドル未満の国民の割合」など国によって異なるため、国別の比較では「相対的貧困率」の数値が用いられる。

出所：『日本経済新聞』2009年11月14日。

しかし、いくら厚労省に要望しても、子どもの貧困率は公表されませんでした。

私は、厚労省の担当者に聞きました。「なぜ、子どもの貧困率は、公表できないのか?」と。

「簡単に計算できません」と、担当者。

「どれくらいかかるのですか?」と、私。

「数か月はかかります。正確にどれくらいかかるかは、わかりません」と、担当者。

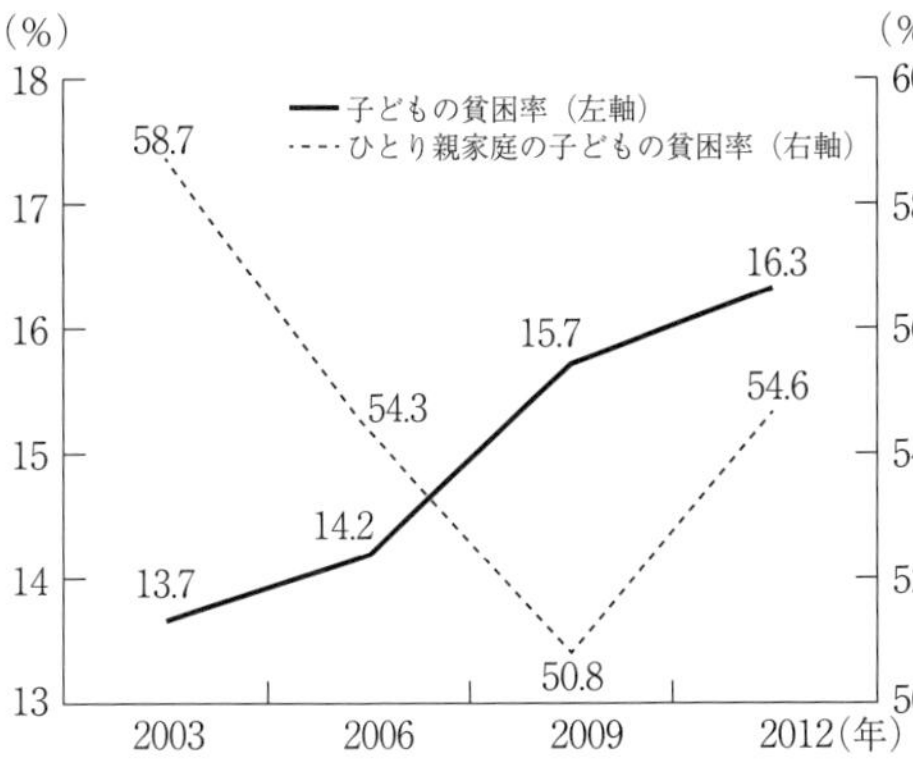

資料 1-22　子どもの貧困率の推移

▷子どもの貧困率が年々悪化している事態の深刻さが明らかになりました。一刻も早く改善せねばなりません。

出所：「平成25年国民生活基礎調査」厚生労働省。

しかし、国際的な指標となっている「子どもの貧困率」や「ひとり親世帯の子どもの貧困率」を公表しないと、日本の「子どもの貧困」の世界における位置づけがわからず、今後の対策もとれないではないか？「せっかく政権交代をしたのだから、せめて子どもの貧困率くらいは公表しないと意味がない」と、私は考えました。早速、テレビ収録に向かう新幹線の中から、長妻大臣に電話で「子どもの貧困率の公表に厚労省は難色を示しています」と相談しました。

長妻大臣も以前から「子どもの貧困率」は公表すべきと、考えていました。『子どもの貧困率を長妻大臣が公表する』と、テレビで発言してもらっていいですよ。明日、私が担当者に指示しますから」と、長妻大臣は快諾。予想通り、テレビ収録の中で、「子どもの貧困率を公表すべきではないか？」との質問が私に来ました。私は、長妻大臣との打ち合わせ通り、「長妻大臣が明日、担当者に子どもの貧困率の公表を指示すると言っています」と発言しました。

ひとり親世帯の貧困率五割超——日本はＯＥＣＤ先進三〇か国で最悪

早速、翌日、長妻大臣が子どもの貧困率の公表を担当者に指示しました。驚いたことに、テレビ収録の前までは、「数値は簡単には出ない」と言っていた担当者は、長妻大臣の指示を受けて、「子どもの貧困率の数値は一か月くらいで出せます」と回答しました。やはり、長妻大臣の指示は強力だな、と感じました。

厚労省が急いで計算した数値を、一一月一四日に記者会見で私が発表すること

写真 1-8
▷「子ども貧困対策法の成立」を求め、全国から集まった学生約400名が、渋谷・原宿をデモ行進（2013年5月）。

になりました。発表された「子どもの貧困率」は一二・五%で、OECD先進国三〇か国で四番目に高い数値。「ひとり親世帯の子どもの貧困率」は二〇〇三年五八・七%で、OECD先進国三〇か国で最悪の高さでした（資料1-21）。

マスコミによれば、子ども貧困率が、今まで発表されなかった理由は、「子どもの貧困率を公表すれば、先進国の中で高い数値で遅れていることがあきらかになってしまう。改善のために予算をつけろ、となるに決まっているから、政府は数値を出したくなかったのではないか」とのこと。

この点について、長妻大臣は国会で「貧困率、子どもの貧困率、ひとり親世帯の子どもの貧困率を公表すれば、それを削減せねばならない責任が生じる。さまざまな施策を通じて、結果として、貧困率が下がるような取り組みをしたい」と答弁しました（資料1-22）。

一一月一四日の「子どもの貧困率」の公表を受けて、その年の一二月一〇日の交通遺児を支援するあしなが育英会の全国大会で、「子どもの貧困率を数値目標を決めて、削減する」という「子ども貧困対策法」の制定のアピールが発表され、デモ行進が行われました。実際、二〇一〇年には、イギリスでブレア首相のリーダーシップにより、「子どもの貧国率を数値目標を決めて削減する」という「子ども貧困対策法」が検討されていました。

コラム② 子ども貧困対策法の成立――「あしなが育英会」の悲願

二〇一二年末に私たちは再び野党になりましたが、二〇一三年一月には政府からまず最初に、「生活保護の引き下げ」が打ち出されました。不正受給はダメですが、本当に困っている母子家庭などは生活保護基準が下がると苦しくなり、直撃を受けるのは子どもの進学です。そんなとき、三年前から「あしなが育英会」が「子ども貧困対策法」の制定を要望していたことを思い出しました。幸いにもあしなが育英会出身の下村博文議員が安倍政権の文部科学大臣に就任しました。

二月に私は予算委員会で子どもの貧困について下村文部科学大臣に質問し、「イギリスには子ども貧困対策法がある」と、質問の中で述べました。たまたまその質問の直後、廊下で下村大臣と会うと、下村大臣から「超党派で子ども貧困対策法を成立させましょう！　自民党も取り組みます」との話がありました（写真1-9）。

しかし、下村大臣は政府の一員なので、国会議員が策定する議員立法には直接はかかわれないルールになっています。そこで、自民党の薗浦健太郎議員や公明党の古屋範子議員が、下村大臣と連携して、「子ども貧困対策の推進に関する法（以下、子ども貧困対策法）」の与党案の策定に動きました。あしなが育英会からの要望を受け、民主党でも三年前から「子ども貧困対策法」の検討は行っていましたので、早速、私たちも法案の策定に着手しました。また、他の野党議員もあしなが育英会や子ども貧困ネットワークの働きかけに対して動き出し、超党派で議論を重ねた上で、「子ども貧困対策法」が二〇一三年六月に成立しました（資料1-23）。

この法律の目的は、「子どもの将来が生まれ育った環境により左右されることのないよう環境を整備する」ことです。当事者や当事者の支援団体もメンバーに入った検討会の意見を取り入れ、子ども貧困対策大綱（計画）を決め、国や地方自治体が施策を行い、子どもの貧困の解消を目指すと共に、ひとり親家庭の支援も充実させます。

「子ども貧困対策法」の成立を受け、早速、二〇一四年から低所得の高校生向けの給付型奨学金がスタート。本当は二〇一五年度からのスタートの予定でしたが、前倒しで

写真 1-9
▷子ども貧困対策法の成立を願う決起集会。あしなが育英会出身の下村博文文部科学大臣はじめ、全政党の議員が参加（2013 年 5 月）。

写真 1-10
▷法案提出者として、「子ども貧困対策法」の重要性を国会で答弁。この法律を成立させた以上、すべての国会議員が力を合わせて、子どもの貧困問題の解決に取り組むことが責務です（2013 年 6 月）。

スタートすることになりました。「子ども貧困対策法」は二〇一四年一月一七日に施行。八月には、子ども貧困対策の大綱や計画ができ、低所得の子どもの高校・大学進学率を向上させることや、子どもの貧困率などを下げることが明記されました。

子どもの貧困率を長妻大臣が公表した二〇〇九年一一月一四日から四年あまりが経ちました。「子どもの貧困対策法」の取り組みが反映される二〇一三年以降の「子どもの貧困率」「ひとり親世帯の貧困率」は、三年後の二〇一七年夏に発表されます。その時には、「貧困率」がしっかり下がるようにがんばります。

なお、二〇〇六年に故・山本孝史参議院議員が中心に策定し、私も策定にかかわり成立した「がん対策基本法」により、がん対策の予算は増え、がんの死亡率が減りました。また、同じく故・山本参議院議員が中心に策定した「自殺対策基本法」により、自殺者は減りました。

必ずや、子どもの貧困率を下げたいと思います。そのときに、「子ども貧困対策法」を作って良かったと初めて喜べます。政治は結果がすべてです。結果を出さない、政治家のパフォーマンスの法律ではダメです。あしなが育英会の学生さんたちの「子ども貧困対策法」成立時の涙を裏切ることはできません（写真1-10）。

資料1-23　子どもの貧困対策推進法　高校生の声、議員動かす

法律誕生

子どもの貧困対策推進法

高校生の声、議員動かす

子どもの貧困対策推進法のデータ

正式名称	子どもの貧困対策の推進に関する法律
委員会	厚生労働委員会
国会提出日	2013年5月31日
成立日	2013年6月19日
概　要	国と地方自治体が協力し、子どもの貧困対策を総合的に策定し、実施する責任を明確にした

「お金がないため勉強する機会を失うような社会にしないでください」。3月、あしなが育英会の高校生らが国会内で与野党議員に貧困対策を訴えかける集会があった。「全力を尽くします」。議員たちは異口同音に答えた。3カ月後、成立したのが子どもの貧困対策推進法だ。

超党派の議員立法となった同法は「子どもの将来が生まれ育った環境によって左右されないよう、貧困状況にある子どもが健やかに育成される環境を整備する」と明記。政府に経済支援などを定める大綱作成と、実施状況の毎年公表を義務付けた。

2008年に経済協力開発機構（OECD）が生活の苦しい人の割合を示す相対的貧困率を調査したところ、日本は15・7%。OECD加盟34カ国のうち29位で、厳しい水準にある。

「政府もバックアップする」と後押ししたのは文部科学相、下村博文だ。父親を交通事故でなくし、交通遺児育英会の支援を受けて高校、大学に通った。立法作業は、参院選後の内閣改造がささやかれた時期。野党議員の側にも「理解のある下村さんが閣内にいるうちに成立させたい」という空気があった。

与党と野党4党がそれぞれ法案を国会提出した5月23日から、一本化に向けた修正協議が始まる。主導したのは自民党の薗浦健太郎と民主党の山井和則。与党は「子ども」を18歳未満、野党は20歳未満と定義した。協議の結果、年齢規定は「支援の幅を狭める」との共通認識に達し、削除した。野党は貧困率改善の数値目標の設定を求めたが、与党側の慎重論に配慮して取り下げた。早期成立に向けて与野党が譲り合い、結論を導き出した。

あしなが育英会の学生らが見守った5月31日の衆院厚生労働委員会。委員長、松本純から提案する形で同法は全会一致で可決した。＝敬称略、肩書は当時

（沼口祐季）

出所：『日本経済新聞』2013年11月24日。

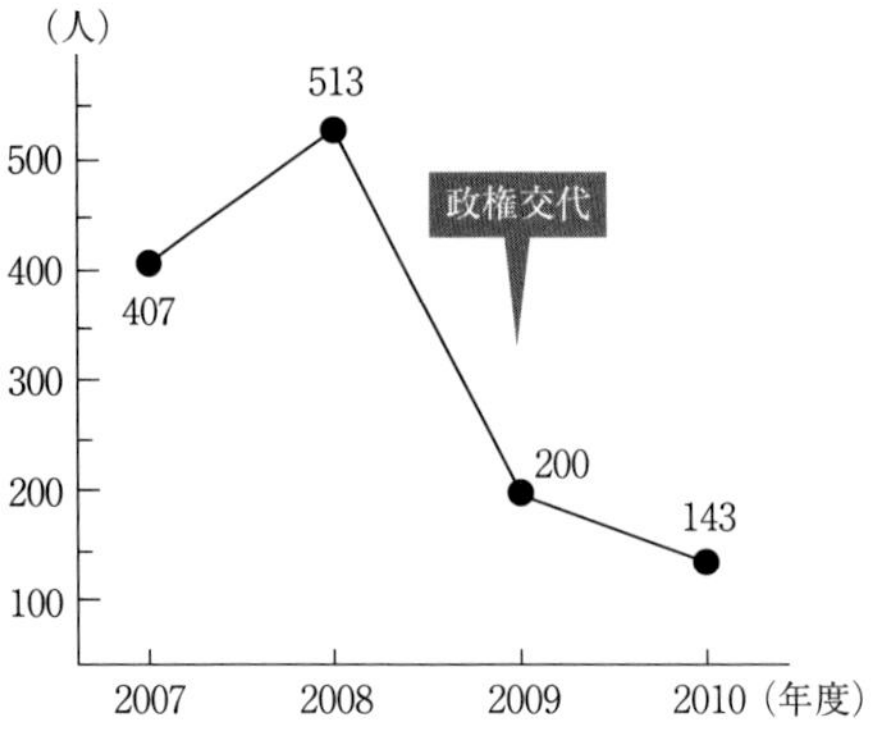

資料1-24 経済的理由で中退した私立高校生の人数
注：国公立と私立の中退者の合計は資料2-27。
出所：全国私教連資料より山井和則事務所作成。

9 生活福祉資金貸し付けの拡充
——高校中退やむなしの生徒が無事、卒業

卒業クライシス

二〇〇九年末の激しい予算の交渉が終わり、二〇一〇年に入り、一月末から問題が深刻化したのが、「卒業クライシス」と呼ばれる問題でした。授業料滞納により卒業式に出席できない高校生が増えました（資料1‐24）。授業料を滞納していると、欠席が三年間ゼロでも、いくら成績が優秀でも卒業できないのです。卒業できないと、せっかく決まっている就職内定も取り消しとなり、人生が台無しになりかねません。卒業アルバムにも写真は載りません。

生徒には、全く落ち度がないのに、親の経済状況により卒業できない。そんなバカな話があってはなりません。

そんなある日、子どもの貧困問題の関係者から「社会福祉協議会の生活福祉資金貸し付けを、授業料の滞納にも回すことができれば、かなりの生徒が救われるのではないか」という話を聞きました。私は早速、朝一〇時くらいに厚労省の担当者に、「生活福祉資金貸し付けを授業料の滞納に活用できないか？」と、問い

合わせました。担当者からは、「それは無理です。授業料の問題は、文部科学省の管轄ですから、厚労省管轄の生活福祉資金貸し付けは、授業料には回せません」と返事がきました。「でも、授業料滞納で卒業できない子どもがいるんだから、困っている人を助けるのが生活福祉資金貸付ではないのか」と再度聞いてみると、担当者は、「授業料滞納の問題は、学校教育の問題です。解決の責任は、文部科学省にあります。厚労省の管轄外です」と言います。

「そうは言っても、文部科学省がこの問題を放置して、卒業できない子どもが続出しているから、私も相談しているんです。確かに、本来は文部科学省の責任ですが、文部科学省が動かない以上、厚労省がやるしかないでしょう。困っている子どもを救うのは厚労省の仕事です」と、私。

私は改めて、担当者に聞きました。「お金がないんですか？　それともお金はあるけど、制度上、授業料滞納に活用できないだけなんですか？」と。担当者は、「お金はあります！　生活福祉資金貸し付けは、財政には余裕はあります。しかし、授業料には回せない、という規定になっています。制度の問題です」と。

私は担当者に、「申し訳ないけど、何とか厚労省内と文部科学省とで早急に協議してもらえませんか？　切羽詰まっているので、急いでください」とお願いしました。

早速、この話を長妻大臣に伝え、長妻大臣からも担当者に指示がおりました。居ても立ってもいられない私は、昼過ぎに担当者に「協議は、どうなってますか？」と問い合わせました。担当者からは、「いま、やっています！　もう少し待ってください」との回答。

そして、三時過ぎになって、担当者から連絡がありました。「政務官、報告があります」と。

早速、担当者に会うと、「何とか厚労省内も文部科学省も社会福祉協議会とも話をつけました。生活福祉資金貸し付けを授業料滞納にも回せることになりました」との報告。「こんなにスピーディーに解決してくれて、有難うございます！これで、卒業できる子どもたちがたくさんいます。人生が変わる子どもたちがたくさんいます」と、私は担当者と固い握手をしました。

これを受け、「学費未納に無利子融資　厚労省方針　今春卒業の高・大生に」（『日本経済新聞』二〇一〇年二月一〇日）と報道されました。大学生は月額六万五〇〇〇円、高校生は月額三万五〇〇〇円が上限で、未納額を一括して借りることも可能。無利子で返済期限は二〇年間です。

私立高校の経済的理由の中退が五一三人から二〇〇人に六割減

その後四月に、「卒業クライシス」についての勉強会が国会内で開かれました。さすがに、高校生本人は参加がありませんでしたが、お父さんが出席し、発言しました。「授業料が払えず、卒業の見込みが立っていなかったけど、今回、生活福祉資金貸付の制度ができたので、『授業料払えるから、卒業できるぞ』と高校三

資料 1-25　私立高校の経済的理由の中退半減

私立高校生、昨年度

経済的理由の中退半減

2009年度中に経済的理由で私立高校を中退した生徒は1校当たり0・71人で、前年度（1・63人）の半分以下に減ったことが30日、全国私立学校教職員組合連合（全国私教連）の調査でわかった。学費を滞納している世帯への緊急貸付金などの対策が進んだためとみられるが、滞納世帯は依然として多い。

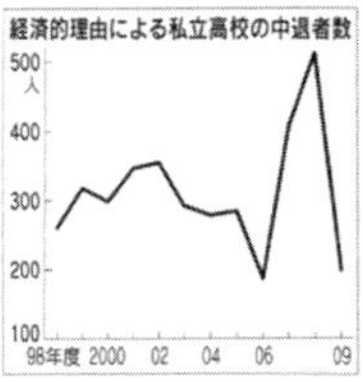

「緊急貸付金・奨学金が効果」

学費滞納なお高水準

調査は、1998年度からアンケート形式で実施。今年は28都道府県の282校（生徒総数22万6914人）から回答があった。

経済的理由での中退生徒は75校で計200人。景気の急激な悪化で過去最多だった前年度（513人）から半分以下になった。中退率も前年度（0・20%）から0・09%と改善した。中退者が最も多かったのは岡山県で29人。東京都の26人、北海道、宮城、大阪の3道府県が13人で続いた。

中退の主な理由は、親の会社が倒産したり、業績不振で親がリストラされたりするケースが多かったという。

中退者の減少について、全国私教連は「行政の緊急貸付金や奨学金が効果を発揮したほか、計画的に学費納入ができるよう学校なども個別相談に応じている」と分析している。

一方、滞納者は依然として多く、3カ月以上学費を滞納した生徒は189校に1406人いた。経済的理由から修学旅行に参加できなかった生徒も311人いたという。

高校の学費を巡っては、私立高の生徒も就学支援金（年約12万～24万円）を受給できる高校授業料無償化法が4月1日から施行されている。しかし、調査では148校のうち半数近い70校が「経済状況が厳しく低所得層で一定額の学費負担が残る」などと回答。効果に疑問を持っていることもわかった。

出所：『日本経済新聞』2010年5月1日。

年の息子に言いました。しかし、息子は、『俺、別に卒業しなくてもいいよ』と。実は、息子は不登校気味で、卒業にあまり関心を持っていなかったのです。でも、『高校だけは卒業しておいたほうがよい』と、息子を説得して、しぶしぶ卒業式に息子を出席させました。それから一か月経って、息子がポツリと言いました。『お父さん、俺やっぱり、卒業できて良かった。あのまま、卒業できなかったら、俺の高校時代って、何だったんだろうということになっていたと思う』と。この息子の発言を聞いて、やっぱり、卒業できて良かったと改めて思いました。今では、息子も就職先が見つかり、元気に働いています。もし、あのまま卒業できていなかったら、息子は就職もせず、家に閉じこもっていたと思います」とのことでした。

この発言を聞き、生活資金貸付の制度を拡充して、本当に良かったと思いました。五月二〇日に厚労省は、この貸付制度の集計を公表しました。二月から三月末の期間中、一〇三三件で総額二億五五七六万円を貸し付け。貸付額は、月額三万五〇〇〇円以内。高校三年生の利用は三五一件。一・二年生が六八二件。このうち特に、二二二人の高校三年生が、卒業を断念していたのが、この貸付制度により、卒業できるようになったことが確認されました。うれしかったです。

この貸付制度の効果もあり、「経済的理由による私立高校の中退者数」は、二〇〇八年度の五一三人から二〇〇九年度の二〇〇人へと六割減になりました（資料1-25）。また、公立高校も含めた「経済的理由による中退者数」は、二〇〇八年度の二二〇八人から二〇〇九年度には一六四七人に減りました（文部科学省調べ）。

さらに二〇一〇年度には一〇四三人、二〇一一年度には九四五人、二〇一二年度には八五三人に減りました。これは、福祉資金貸付に加えて、高校授業料無償化の効果です。

第2章　厚い財源の壁と戦う

1　無保険の子どもの救済——貧困家庭の子どもたちに医療を

毎日新聞の記事からはじまった

以上述べた子ども支援以外にも、親が国民健康保険料（以下、国保料）を滞納しているという理由で、子どもが医療にかかれない高校生の問題も政権交代後に解決をしました。しかし、この問題の始まりは、この「子どもの無保険」が発覚した二〇〇七年にさかのぼります。

二〇〇七年六月二八日、毎日新聞（関西版）夕刊に「無保険の子六二八人」という一面記事が載りました（資料2-1）。さらに、七月二日にも、「無保険の子ども、治療を受けられず」という大きな記事が同じく毎日新聞の関西版に出ました。これが、無保険の子どもの問題の始まりでした。親が国保料を滞納しているという理由で、保険証を取り上げられ、その子どもが病気やケガをしても、保険証がないため、十分な医療が受けられないのです。

大阪での調査なので、関東の毎日新聞では報道されませんでした。しかし、これは大問題だと、民主党の部門会議で厚生労働省（以下、厚労省）からヒアリングをしました。推計では全国で約四万人の子ども（高校生まで）が無保険とのこと。

そこで「せめて子どもだけは親が国保料を滞納しても、医療にはかかれるように」という趣旨の「子ども無保険救済法案」の策定を考えました。「子ども無保険救済法案」を作って国会に提出すれば、いくらなんでも与党も反対できないだろうと考えたのです。しかし、当時の厚労省は反対。「国保料を払っていないのに、その家庭の子どもが医療保険を使えるなら、国保料を払う人がバカらしくなり、

資料 2-1　無保険の子 628 人　大阪 17 市町国保料滞納で

無保険の子628人

大阪17市町 国保料滞納で

民間団体調べ

国民健康保険（国保）の保険料を滞納したため、保険給付を差し止められ、医療費の全額自己負担が必要になった世帯の子ども（中学生以下）が、大阪府内17市町で3月末現在、628人に上ることが民間団体の調べで分かった。大阪市、堺市など6市は「データがない」としている。給付が差し止められている世帯数は府全体で約3万世帯あり、この団体は、大阪市などを含む府全体では子ども約2000人が「無保険」に陥っていると推計する。（15面に関連記事）

府全体 推計2000人に

児童福祉法は、保護者と同等に国や自治体も子どもの育成責任を負うとしている。また「無保険」の親が子どもの受診を手控える例も多いといい、早急な是正が求められる。

国民皆保険制度のほころびが指摘される中、子どもの「無保険」は昨年京都で発覚。まとまった人数が把握されたのは初めてだ。

民間団体の大阪社会保障推進協議会（大阪社保協）が府内43市町村に質問状を送り、回答を集計した。17市町が「いる」とし、20市町村が「いない」と回答した。大阪、堺、寝屋川、守口、茨木、柏原の6市は「データがない」などとして回答しなかったが、大阪市も、差し止め対象に子どものいる世帯があることは認めており、大阪社保協は府全体で約2000人と推計した。

国保財政の立て直しのため多くの自治体が、国保料を1年以上滞納した「ペナルティー」として、給付を差し止めている。その際、市町村は保険証を取り上げる代わりに、被保険者の地位を証明するだけの資格証明書を発行している。07年6月現在の発行数は全国で約34万世帯に達する。

毎日新聞の取材に対し、東大阪市は「相談に来ない場合の資格証明書発行はやむを得ない。子育て世帯も例外ではない」と回答。門真市は「心情的には発行したくないが、滞納者と接触できない時は仕方ない」とした。厚労省国保課は05年5月に「乳幼児が含まれる世帯は対象外とすることを検討すべきだ」との見解を示している。

未納分を納めれば保険給付は再開されるが、低所得層にとって国保料の負担は重い。自治体により国保料負担には差があるが、東大阪市の場合（07年度）、40代夫婦と子ども2人の世帯では、年間所得が200万円で約45万円となる。

大阪社保協の寺内順子事務局長は「無保険の子の数は想像を超えていた。自治体は直ちに、子どもの救済に乗り出すべきだ」と話している。【平野光芳】

◆「無保険」の子どもの数◆

市町	人数
東大阪	285
枚方	130
大東	47
門真	45
高槻	31
四條畷	19
豊中	18
岸和田、貝塚	各10
泉佐野	7
摂津、能勢	各6
八尾	5
熊取	4
箕面、松原	各2
交野	1
計	628

出所：『毎日新聞』2008年６月28日。

モラルハザードが起こる」という反対意見です。確かに、一理あります。しかし、一方では、親が国保料を払えないのは、全く子どもに責任はありません。子どもは生まれる家庭を選べません。親の経済事情により、子どもが必要な医療を受けられないことがあってはなりません。

ですから、国保料を払わない親の保険証は取り上げざるを得ないけれど、子どもには罪はないので、子ども（高校生以下）にだけは保険証を発行する。という趣旨の「子ども無保険救済法案」を二か月がかりで策定しました。一一月から自民党との修正協議が始まりました。私が自民党の担当議員と交渉しました。自民党は「対象を広げるとモラルハザードになるので、救済は小学生まででよい」と主張。私は「未成年の高校生までは救済すべき」と主張しました。

最終的には、両者の主張を足して二で割って、中学生まで救済することで決着しました。一二月に全党賛成で、法案は成立。二〇〇八年四月から、中学生以下の三万人の無保険の子どもに保険証が交付されることになりました。ただし、高校生の救済は積み残しになりました。それでも、自民党が、子ども無保険救済法案に賛成してくれたことには、大変感激しました。

このように、野党にとって議員立法は政策を実現する重要な手段です。

子どもに責任はない

今回の子どもの無保険救済も、先ほどの生活保護の母子加算復活も、私にとっては同じ論理です。つまり、「子どもに貧困の罪はない」「子どもは生まれる家庭を選べない」「どんな家庭に生まれても、子どもは同じ権利とチャンスを与えられるべきだ」というのが、私の政治理念です。

二〇〇八年四月から無保険の中学生以下の子ども三万人に保険証が交付されました。その後、二〇〇九年九月に私が厚生労働大臣政務官に就任し、早速、無保険の救済を高校生にまで広げることに着手しました。

二〇一〇年三月に、無保険の子どもの救済を高校生まで広げる法改正が、自民党も賛成して、すべての政党の賛成により、あっさり成立。自民党としては、民主党政権になった以上、法改正に反対しても成立してしまうと考えたようです。新たに一万人の無保険の高校生に二〇一〇年四月から保険証が交付されることになりました。

最初の毎日新聞夕刊の記事が二〇〇八年六月二八日。高校生まで無保険の高校生が救済されたのが二〇一〇年四月一日。一年九か月かかりましたが、一つの新聞記事と一本の議員立法の力で、四万人の無保険の子どもが救われました。

このように私は、多くの社会保障に関する議員立法にかかわってきました。国会は立法府と言われ、国会議員は、ローメイカー（立法者）とも呼ばれます。理屈の通った国民の利益になる議員立法であれば、たとえ野党の発案でも、多少の修正を加えて与党の理解を得て成立させることができます。

過去、私がかかわり成立した議員立法は、ホームレス自立支援法、高齢者虐待防止・介護者支援法、がん対策法、介護従事者処遇改善法、児童虐待防止法、発達障害者支援法、障害者虐待防止法、子ども無保険救済法、子ども貧困対策法、介護・障害福祉従事者処遇改善法、過労死防止推進法などです。

ちなみに、議員立法ではない一般の政府や厚労省などが策定する法案は、閣法（内閣が作る法律）と呼びます。国会で審議される法律の大半は政府提出の「閣法」ですが、近年は、国会議員自らが策定する議員立法が増えています。

2　悲願の一〇年ぶりの診療報酬引き上げ――財務省との激突

命を守る予算

子どもや障害者の施策についてここまで書いてきましたが、話は二〇〇九年末の予算折衝に戻ります。年末までの予算折衝の最大の戦いの一つは診療報酬引き上げでした。診療報酬とは、医療サービスに対して、保険から医療機関に支払われる報酬のことです。この診療報酬の引き上げは医療予算の増加を、引き下げは医療予算の抑制を意味します。

近年ずっと診療報酬が引き下げられてきたことが、医師不足や医療崩壊、救急車による妊婦のたらい回しなどの問題を生んできました（資料2-2）。

診療報酬改定（ネット）		
2000年	＋0.2%	
2002年	▲2.7%	
2004年	▲1.0%	
2006年	▲3.16%	
2008年	▲0.82%	
2010年	＋0.19%	民主党政権
2012年	＋0.004%	民主党政権
2014年	▲1.26%	

資料 2-2　診療報酬改定

▷ 2014年は、消費税増税の補填分を差し引いた実質改定値。政権交代後、2回連続プラス改定。しかし、自民党政権に戻り……。

出所：厚生労働省資料より山井和則事務所作成。

そのため、自民党政権のような「機械的な年二二〇〇億円の社会保障予算の抑制はしない」「診療報酬をプラス改定する」が、マニフェストの医療分野の目玉でした。医療担当の足立信也政務官を中心に一〇月以降、財務省との激しい交渉を行いました。「診療報酬の薬価を下げた分、五〇〇〇億円をすべて地域医療の再生に回したい」というのが私たちの主張。しかし、財務省は、財政が厳しいことを理由に、「マイナス三％」と今まで通りの「マイナス改定」を主張して譲りませんでした。悲願の一〇年ぶりのネット（診療報酬の全体）でのプラス改定を私たちは主張しましたが、財務省は「財源が確保できない以上、マニフェストでも実現できない」との姿勢（資料2-3）でした。しかし、もしマイナス改定になってしまえば「マニフェスト違反」になります。「医師不足、患者のたらい回しの問題を解決する」というのは、私たちの悲願でした。私を含めた厚労省政務三役も与党・民主党も財務省に対して譲れない戦いです。

二〇〇九年一二月二三日午前、厚生労働大臣室。今日が診療報酬改定を決定するリミット。政務三役と厚労省幹部が集まって、診療報酬改定の最後の作戦会議。直前まで、「マイナス改定」を強く主張していた財務省が譲歩し、財務省と厚労省の事務レベルの協議では、初めて〇・〇五％のプラス改正（一〇年ぶり）で合意したとのこと。

事務レベルで合意した〇・〇五％のプラス改定を飲むかどうか。長妻大臣や私をはじめ政務三役は、「マニフェストの目玉が、〇・〇五％改定では少なすぎ

資料 2-3　診療報酬改定　攻防が本格化

診療報酬改定 攻防が本格化

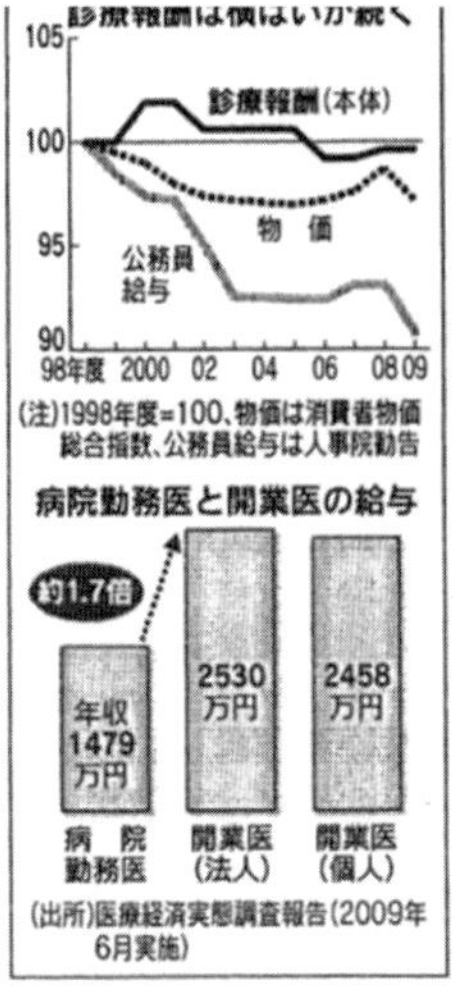

財務省 「配分見直し2～3％下げて」

厚労省 「緊急入院多い病院に支援を」

財務省は2010年度予算編成で、公的保険や患者が医療機関に支払う診療報酬を2～3％引き下げるよう求める方針だ。行政刷新会議の事業仕分けで、眼科など収入が高い診療科への配分や薬価の引き下げを求める判断が出たことを重視。同報酬を下げても、医師不足などの課題に対応できると判断した。ただ、引き上げを求めている厚生労働省が反発するのは必至。年内決着に向けた攻防は難航が避けられない。

年内決着難航か

診療報酬は最近では2年に一度ずつ改定しており、来年度が改正の年に当たる。医師の技術料である本体部分と薬価などの総枠の増減は、政府が予算編成に合わせて年内に決める。財務省は①本体部分は最大でも横ばいに抑制②薬価は先発品の見直しなどで2千億円程度引き下げ――を求める方針。診療報酬1％の増減は国費800億円程度に相当する。

同報酬改定の焦点は、深刻化する医師不足への対応だ。厚労省は引き上げが不可欠と主張。一方、財務省が重視するのは診療科ごとや、開業医と勤務医の報酬の格差だ。開業医の給与に当たる収支差額をみると、眼科は外科や小児科の1・6～1・8倍。開業医の平均年収は病院勤務医の約1・7倍に達する。

収入の高い分野への配分を下げ、医師不足が深刻な小児科や地方の勤務医に手厚くすれば、医師の収入に直結する診療報酬の本体部分を上げなくても、対応できるというのが財務省の立場だ。同省は過去10年間、物価が下落する中で、診療報酬がほぼ横ばいで推移していることにも着目。「国民負担に直結する診療報酬上げは、納税者の理解を得にくい」(幹部)とみる。

事業仕分けも、収入の高い診療科への配分見直しや、開業医と勤務医の年収格差の解消を求める結論を採択。公務員人件費の削減や物価下落を本体部分の報酬改定に反映するよう求めた。

仕分けでは、薬価についても「全体を大幅に削る」で一致。海外に比べ高い医療材料の引き下げや、湿布薬やうがい薬など市販の類似薬を公的な医療保険の対象外にする結論も明記した。

財務省は行刷会議の事業仕分けと連携し、診療報酬の引き下げを目指す。医師不足には同報酬の引き上げではなく、配分見直しで対応し、薬価引き下げで確保した財源は来年度予算で他の事業に振り向ける方針だ。

ただ長妻昭厚労相はなお診療報酬上げの姿勢を崩していない。最優先するのが、救急や産科、小児科などの緊急治療を担う急性期病院への手当てだ。特に病院の収入の大きな割合を占める「入院基本料」を10％程度上げる意向を持っている。

6月に実施した「医療経済実態調査」でも緊急入院患者を多く抱える病院が赤字となる傾向が浮かび上がっており、国費の追加投入には理解が得られるとみている。

出所：『日本経済新聞』2009年11月15日。

る！」と、猛烈に反発。厚労省のある幹部は、「財務省とやっとプラス改定で合意したのだから、もう〇・〇五％は変えられない。これで決着しかない」と主張。しかし、ここで政務三役が動かねば、政治主導の意味がありません。

母子加算の復活の時に、長妻大臣が総理官邸に直談判に行って以来、二度目。久しぶりに、決死の覚悟で長妻大臣が官邸に乗り込むことになりました。長妻大臣が、総理官邸で激しい戦いを展開。結果的には、官邸で直談判したことにより、当初の〇・〇五％より〇・一四％増えて、プラス〇・一九％改定で決着。一〇年ぶりのプラス改定が決まりました。〇・一九％は、国の予算として五〇〇億円の増加です。診療報酬の薬価引き下げにより確保した五〇〇〇億円の財源を加えると合計五五〇〇億円（年）の医療予算の大幅増。特に、産婦人科、小児科、外科、救急などの診療報酬、予算を大幅にアップさせ、医療崩壊の危機に瀕する医療現場に大きな希望をもたらしました。

この一二月二三日に決まった来年度予算について鳩山総理は、「診療報酬が一〇年ぶりにプラス改定になりました。『命を守る予算』と呼びたい」と言いました。そして、翌年一月の衆議院本会議場での所信表明演説で、鳩山総理は、「命を守りたい！」と冒頭で何度も繰り返したのです。

もし、〇・〇五％プラス改定のままだったら、引き上げ率は低すぎてカッコ悪くて「命を守る予算」という名前は、つけられなかったと思います。

民主党政権の初の予算が、「命を守る予算」となったことは、うれしいことでした。一〇月以降、足立政務官を中心に財務省と激しい交渉を続けた甲斐がありました。〇・一九％という一〇年ぶりのプラス改定を受け入れて下さった藤井財務大臣にも感謝しています。

ちなみに、二〇一〇年度予算は、子ども手当や様々な社会保障費の増額などにより、社会保障予算は一〇％アップ、公共事業予算は一八％カットでした。政権交代で一番予算が増えたのは厚労省でした。

診療報酬プラス改定に込めたメッセージ

以前、私は夜間に小児科の病院に徹夜で滞在し、勉強させて頂いたことがあります。夜中に、インターンの医学生と話し込んだ時、その医学生から「医療訴訟のリスクも高いし、夜勤や宿直も多く過重労働だし、小児科や産婦人科は、学生が敬遠しています」と言われ、ショックを受けました。

一〇年ぶりの診療報酬のプラス改定は、民主党政権の医療を重視するというメッセージでした。医療に力を入れる、医療現場を応援する、というメッセージを医療現場に伝えたかったのです。

「政治とはメッセージ」。イギリスのサッチャー元首相は言いました。「マニフェストを守れるか否か」、「医療現場、頑張ってください！　政権も応援します！」というメッセージを伝えることができるかどうかの必死の戦いでした。それでも当時、「〇・一九％のプラス改定では少なすぎる」と、野党からは批判されました。しかし、二〇一三年の年末に決着した第二次安倍政権の診療報酬改定はマイナス一・二六％と四年ぶりの大幅なマイナス改定。また、元の医療軽視の政策に戻ってしまいました。消費税を八％に増税することで、年五兆円もの新しい財源を確保したにもかかわらず、医療予算は抑制されました。これでは再び医師不足や医療崩壊が加速しかねません。政権により医療政策は大きく変わる実例であり、そのバロメーターが診療報酬です。

二〇〇九年九月に政権交代しましたが、二〇〇九年度（旧政権の予算）と比べた二〇一二年度の公共事業による雇用は横ばいです（四〇八万人から四一一万人へ）。しかし、医療・福祉の雇用は、同時期で五九六万人から六八一万人に八五万人も増えました。雇用創出効果は医療・福祉が公共事業よりも大きいのです（一四〇ページ、資料2-28）。特に、工場誘致が困難で高齢者が多い地方では、医療や福祉は重要な雇用創出の場です。

コラム③　二度目の診療報酬引き上げ――〇・〇〇四％アップの舞台裏

民主党政権での二度目の診療報酬改定は二〇一二年四月。その決着は、二〇一一年一二月でした。その年は東日本大震災の年。二〇〇九年以上に、プラス改定は厳しい状況でした。しかし、「診療報酬を引き上げ、医療を充実させます」という「マニフェストを守る」責任感で必死に戦いました。

財務省は、いつものように大幅なマイナス改定を要求してきました。私たち民主党議員は、「〇・〇一％でもよいから引き上げを！」と粘りました。医療の充実はマニフェストの目玉政策です（資料2-4）。

診療報酬の引き上げを目的に一二月に開いた民主党の集会で私は、「命を守る、医療を充実させる、というのが、私たちの政権の旗印です。絶対に診療報酬引き上げは勝ち取る！　これは国民との約束です」と演説。約一〇〇人の民主党議員が集会に結集しました。みんな悲壮感にあふれていました。

その後も財務省と、「万一マイナス改定なら、消費増税を阻止する。『医療や社会保障はカットします。しかし、消費税増税はさせてください』そんな話が国民に通るか！診療報酬を引き上げるのか、消費増税を断念するのか？どちらにするのか？」と、民主党厚生労働部門会議で激論が交わされました。せめて「〇・〇一％プラスを！」「ダメだ。〇・〇一％では多すぎる」などのギリギリの激論を延々と交わした挙句、最終決着は、民主党と財務省の両方の顔を立てて、「〇・〇〇四％のプラス改定」。つまり、小数点二位まで四捨五入すれば、財務省としては、「〇・〇〇％」で据え置き、と解釈できます。一方、与党民主党としては、〇・〇〇四％であれ、プラス改定であれば、「診療報酬引き上げ」というマニフェストは守ったことになります。お互いの顔を立てた政治決着でした（資料2-5）。

資料2-5　診療報酬0.004%増　実質据え置き　介護報酬は1.2%増

資料2-4　診療報酬2.3%下げ提示　財務省・厚労省は回答保留

診療報酬2.3%下げ提示

財務省　厚労省は回答保留

財務省と厚生労働省は9日、2012年度予算案編成の焦点の一つの診療報酬を巡って本格的な調整に入った。財務省の吉田泉政務官と厚労省の藤田一枝政務官が同日、財務省内で協議。財務省は厚労省に対し、薬剤費を含めた診療報酬全体で約2・3%の引き下げを求めた。ただ最低でも据え置きを目指す厚労省は回答を保留。来週、両省で再度調整することを申し合わせた。

診療報酬は健康保険が医療機関に支払う医療費の単価。医師などの技術料にあたる「本体部分」と医薬品の価格である「薬価部分」があり、2年に1回改定する。2・3%引き下げの内訳は、薬価部分が医薬品の取引価格の低下に伴い1・3%分（薬価ベースでは6%）の引き下げ。本体部分は民間給与が低下傾向にあることを理由に1%分の引き下げとした。

前回の10年度改定では診療報酬全体で0・19%のプラス改定だった。小宮山洋子厚労相は同日の記者会見で「（診療報酬全体で）プラスを主張する考えは変わっていない」と主張。民主党もプラス改定を求めている。

出所：『日本経済新聞』2011年12月10日。

診療報酬0.004%増

実質据え置き　介護報酬は1.2%

藤村修官房長官、安住淳財務相、小宮山洋子厚生労働相は21日夜、首相官邸で来年度の診療報酬改定について協議し、手術料などの「本体」はプラス1・379%、「薬価」はマイナス1・375%とし、全体では小数点以下3ケタの部分で0・004%増というギリギリのプラス改定とすることで合意した。介護報酬は、介護職員の待遇改善費を見込んで1・2%アップ。前回（09年度）の3・0%増に続き2回連続のプラスとなった。

診療報酬は1点10円で、医師らの収入となる。10年ぶりに全体で増額改定となった前回10年度（全体0・19%増、本体1・55%増、薬価1・36%減）に続くプラスとはいえ、小数点以下3ケタでの調整は極めて異例。約40兆円の12年度見込み医療費を約16億円伸ばすだけで、事実上の据え置きと言える。プラス改定を求めた厚労省、民主党の顔を立てつつ、増額を嫌う財務省側にも配慮した政治決着となった。

一方、介護報酬を1・2%増としたのは、介護職員の賃金を月額1万5000円上積みしている交付金を今年度末で廃止するためだ。

12年度以降、代わりの財源（国費ベースで約500億円）は介護保険財政で賄う。

【鈴木直、山田夢留】

出所：『毎日新聞』2011年12月22日。

コラム④　がん対策基本法――がん対策予算が増え、がんによる死亡者が減少

私が議員になって過去一五年間に、厚生労働関係の多くの議員立法の制定にかかわってきましたが、がん対策基本法は最も重要な命を救う法律の一つでした。

当時の二〇〇六年、民主党の厚生労働部門の責任者は仙谷由人議員、私が副責任者でした。この前年に仙谷議員は、胃がんのため胃を全摘出されており、「アメリカでもがん対策法ができて、がん対策が進んだ。日本にもがん対策基本法が必要だ」と、がん患者の一人として強く主張されました。

がん対策基本法案を策定し、仙谷議員と私は厚労省に打診をしましたが、当初はゼロ回答でした。厚労省は、「厚労省はがん対策に今までも十分力を入れてきた。いまさら、改めてがん対策基本法は必要ない」という主張。

しかし、故・山本孝史参議院議員は自らががんであることを公表しつつ、「政治とは救える命を救うこと」「この国会でがん対策基本法が成立しないと自分には時間がない。いつまで命が持つかわからない。自分の遺言として、この法律をこの世に残したい」と、訴えられました。

また、公明党も当初からがん対策基本法の必要性を訴えており、自民党も前向きで、二〇〇六年六月一六日に超党派でがん対策基本法を成立させることができました。

そして、がん患者や遺族もメンバーになったがん対策基本計画推進会議が立ち上がり、がん対策基本計画が作られました。その中には、がんによる死亡者の割合を一〇年間で二〇％下げるという数値目標も入りました。実際、がん対策基本法が成立したことにより、がん対策予算は、二〇〇六年度の一六一億円から二〇〇七年度には二一二億円、二〇〇八年度には二三六億円、二〇〇九年度には四五三億円と増えました。一方、がん死亡率は二〇〇七年から二〇一二年の五年間で七・二％下がりました（資料2-6、2-7）。

やはり、議員立法は重要です。議員立法により、命を救うことができるからです。議員立法ができると、その分野の予算が増えやすいのです。なぜなら、超党派、衆議院議員と参議院議員の合計七二〇人が賛成する法律ということは、全国民が求める法律という重みがあるからです。

ただし、そもそも医療全体の予算が増えないと、がん対策の予算も増えませんし、良いがん治療も行えません。その意味では、がん対策基本法を成立させると共に、二〇一〇年度と二〇一二年度の二回にわたって、診療報酬をプラス改定して、医療予算を増やしたことは、がん対策を進める上で非常に重要でした。いくらがん対策基本法を成立させても、医療予算をカットすれば、施策は進みません。

資料 2-6　がん対策基本法成立後の、がん対策予算の伸び

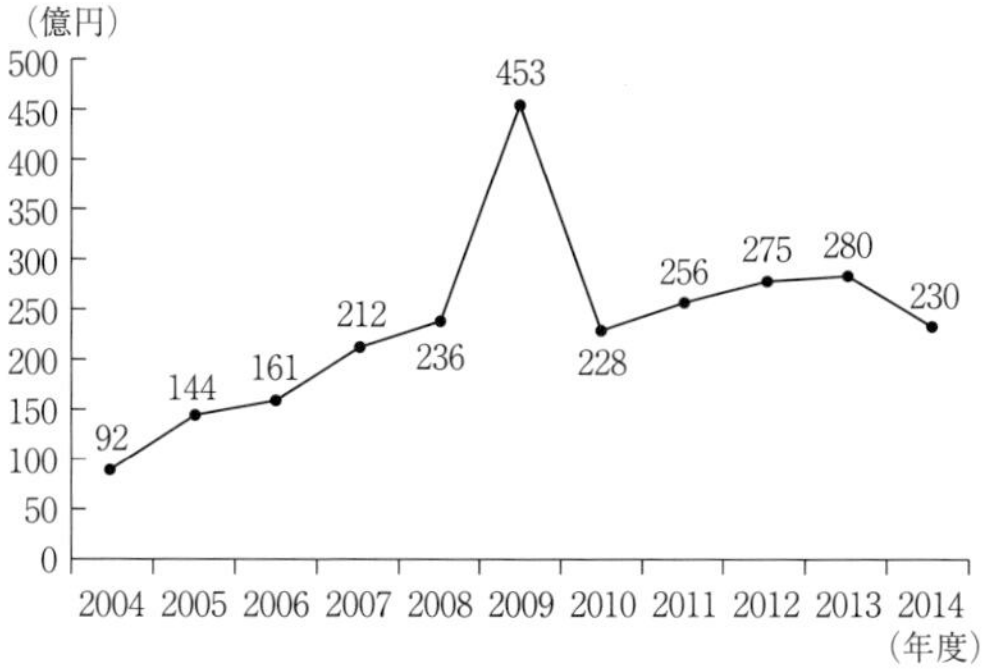

▷がん対策基本法の成立以降、がんによる死亡率は減りつつあります。

出所：厚生労働省資料。

資料 2-7　がん死亡率の推移（75 歳未満年齢調整死亡率）

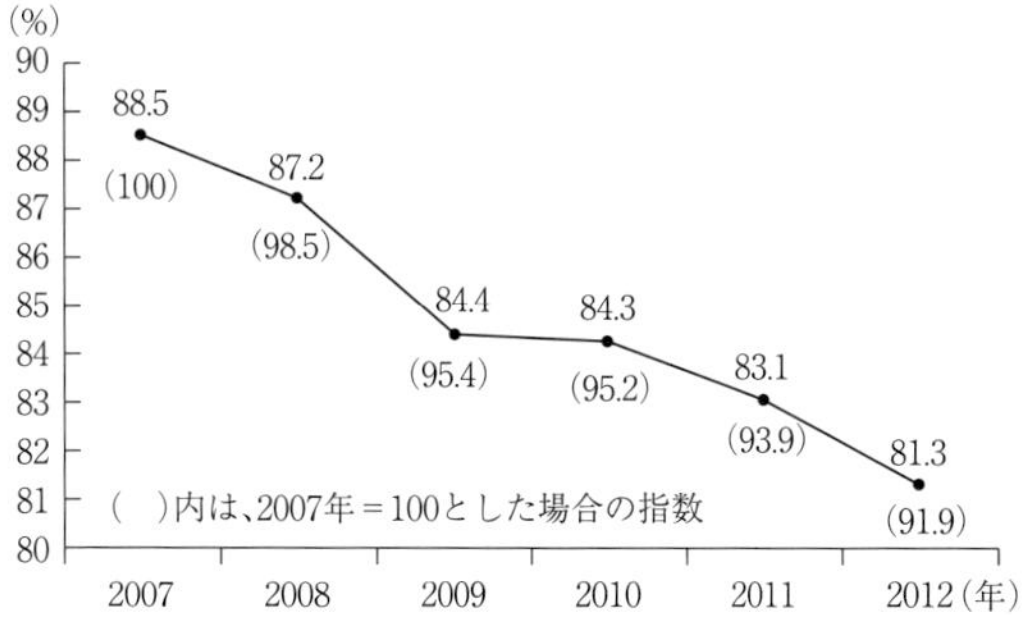

出所：がん対策情報センター資料。

3 「消えた年金」被害者の救済
——政権交代後一八九万人、六〇〇〇億円の年金が回復

◎紙台帳とコンピュータ記録を照合する

長妻大臣と共に私が最もエネルギーと時間を使ったのが、「消えた年金」問題の解決でした。「せっかく大臣と政務官になったのに、消えた年金被害者の救済、年金記録問題の解決が進まなかったら、私たちは二人ともクビだ。政治生命をかけて解決に取り組まねば」と、長妻大臣は私にいつも言っていました。

一番力を入れたのはマニフェストで約束した「紙台帳とコンピュータ記録の突合わせ」を「国家プロジェクト」として行うことです。コンピュータ上の記録と紙台帳との記録の全件照合作業を行い、自分では気づいていない「消えた年金」の被害者を見つけ出し、その方に連絡し、年金を復活させる取り組みです。三年半かかる大事業ですが、約束通り、実現しました。六億件の紙台帳を突き合わせる膨大な作業でしたが、この作業をして、正しい記録を持ち主に通知を送らねば、年金は消えたままになってしまうのです。

私たちは、政権交代後の二〇〇九年九月以降、すぐに準備を始め、二〇一〇年

資料 2-8　紙台帳とコンピュータ記録の突合せの進捗状況

突合せ対象者数：約 7,900 万人（受給者約 4,900 万人　加入者約 3,000 万人）	
実績（平成 26 年 3 月末現在）	
・照合件数	約 7,900 万人終了
・お知らせ発送件数	147 万件送付
・回復見込人数	189 万人回復
・回復見込額	305 億円回復（年額） （1 人当たり約 1.6 万円） 約 6,000 億円回復（生涯額） （1 人当たり約 32 万円）

▷政権交代後 189 万人（約 6000 億円）の年金が回復。

出所：厚生労働省資料。

一〇月から作業をスタート。今日までに約七九〇〇万人の記録を突き合わせた結果、一八九万人の受給者に、一人当たり三二万円（生涯額）、合計で約六〇〇〇億円の年金が復活しました。この作業は二〇一四年三月末で終了しました。（資料2-8）。

また、生きているうちに消えた年金が受け取れるように、消えた年金の支払いをスピードアップしました。厚生労働大臣室に、年金事務所への相談から、回復した年金の支払いまでの期間のグラフを掲示して、毎月、進捗状況をチェックしました。二〇〇九年三月には平均七か月かかっていた、年金事務所への相談から消えた年金が支払われるまでの期間を、政権交代後の一一月末には平均二・八か月に短縮しました。

以前、テレビ番組で私は、年金事務所への相談から正しい年金支払いまでの期間が長すぎることを批判し、この問題を、「政権交代したら、三か月以内に解決する」と約束していました。政務官になって二か月後の一一月に、「三か月で支払える体制」に短縮できました。

さらに、「消えた年金」問題の取り組みをスピードアップするため、毎週、一週間ごとの「消えた年金」の回復状況を公表しました。たとえば、一〇月第二週の一週間だけでも、八五〇〇件が記録回復し、総額で年四億二〇〇〇万円の年金が復活。さらに、毎週、上位の高額の一〇人の記録回復の額も参考までに発表しました。

さらに、年金が消えている可能性がある方々に、年金特別便を送り、注意喚起をするとともに、二〇一一年二月からはインターネットで今までの年金記録が閲覧でき、将来の年金受給額がわかる体制を作りました。ただ、マニフェストにあった年金手帳の発行については、すでに多くの方々が年金特別便などで記録が訂正されたことや、全員に年金手帳を作成することは非常に費用がかかるので、インターネットで閲覧できるようにしました。

結局、「消えた年金」問題が発覚以降、二〇一四年三月末までに三二四万人に約二・二兆円の「消えた年金」が回復しました。記録訂正で回復した年金額は、年額三万四〇〇〇円（平均）。生涯では平均六八万円（一人当たり）。記録が見つかり無年金から脱した人は六七三人でした。記録問題対策にかけた経費は、二〇〇七年度から二〇一三年度で四〇一三億円でした。

この問題は、最終的には、まだ未解明の記録はありますが、費用対効果で、だんだんコストがかかる割に、回復する年金額が少ないという状況にもあります。引き続き、まだ解明されていない記録の解明に取り組まねばなりません。

今年、安倍政権は、年金記録回復第三者委員会を大幅に縮小するようですが、まだ解明されていない記録も数多く残っています。第三者委員会はなくさずに、引き続き、記録解明と被害者救済のスピードは落とすべきではないと思います。

無年金者、低年金者を減らす法改正——一〇年間、追納を可能にし、最低一〇年で受給資格を

また、「消えた年金」対策だけでなく、長妻大臣と私は、無年金の高齢者を減らすために二つの方策を考えました。一つは、国民年金の保険料を過去一〇年さかのぼって支払えるような法改正です。

それまでは、過去二年分しか支払えませんでした。年金は最低二五年間、保険料を払わないと一銭も年金をもらえず、無年金になります。しかし、過去一〇年追納を可能にする法改正をしたことにより、一一八万人の無年金者のうち最大で四〇万人が追納をすれば無年金から脱出できる可能性があります。また、最大で一六〇〇万人が新たに保険料を追納すれば、将来の年金を増やすことができます。つまり、この年金確保支援法は、無年金者、低年金者を減らす切り札なのです。二〇一〇年に国会に法案を提出し、二〇一一年八月に成立しました。

さらに、無年金者を減らす取り組みとして、今まで最低二五年間、年金に加入しないと一銭も年金がもらえなかったものを、最低一〇年間加入すれば、年金をもらえる法改正を二〇一三年に行いました。法律の施行は二〇一六年一〇月で、無年金者の四〇%が新たに年金をもらえるようになります。二五年に満たない加入期間なので少額ですが、それでも無年金から脱することができ、大きな救済となります。

このように「消えた年金」被害者の救済のスピードアップと共に、無年金者を

減らす取り組みを行いました。

二〇〇七年の消えた年金の発覚当時は、与党議員からは、「年金記録は九九％正しい」「長妻さんや山井さんは、『年金が消えている』と、国民の不安をあおっている」などと、批判されました。しかし、実際には多くの年金記録が間違っており、今日までに三二四〇万人に総額二・二兆円の年金が回復しました。

4 介護職員、障害福祉職員の賃金引き上げ
――議員立法「介護従事者処遇改善法」がきっかけ

私が国会議員になって、力を入れて実現したことの一つが、介護・障害福祉職員の賃金引き上げです。政務官に就任して最初の仕事の一つも、処遇改善交付金を配布しての介護・障害福祉職員の賃金引き上げでした。なぜ、私が介護職員の賃金引き上げをライフワークにしているのか。少し前置きが長くなりますが、私の二〇数年来の思いと背景をまず書かせていただきます。

介護実習で、賃金の引き上げに取り組むことを決意

私の祖母は長年、寝たきりでした。それが、私が高齢者福祉をライフワークに

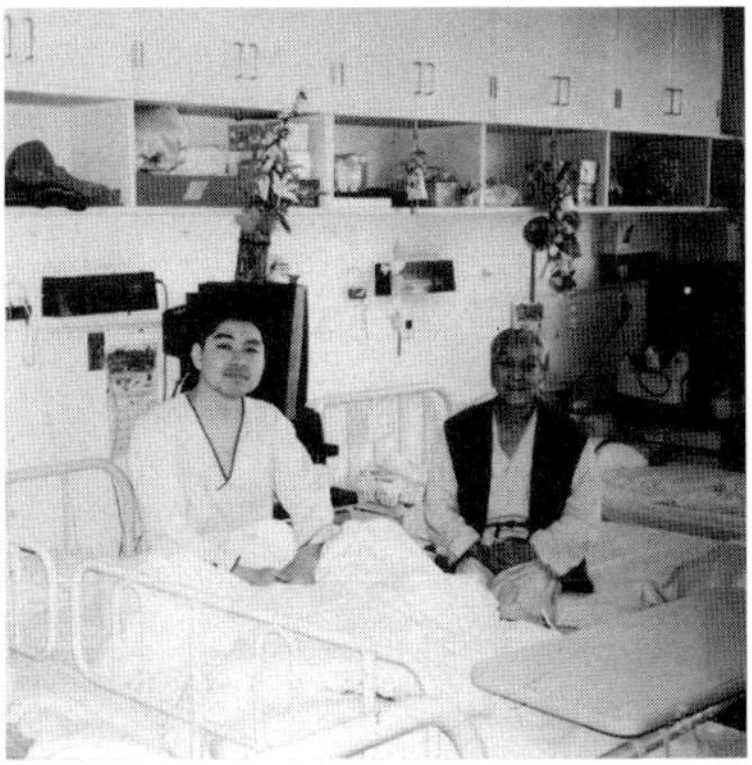

写真 2-1
▷介護実習だけではなく、老人病院で数日間入院の体験もしました。昼間は寝て、夜中に動き出す高齢者が多いのでびっくりしました。5年、10年と入院されている患者さんもおられ、「死ぬまでに一度でいいからマグロのお刺身が食べたい」という話をお年寄りから聞き、つらくなりました（1990年、29歳）。

することになったきっかけです。私は大学は工学部で、大学院まで酵母菌の研究をしていましたが、大学院卒業後は、松下政経塾で福祉の研究をしました。松下幸之助塾長の「現地現場主義」の教えを受けて、全国各地の特別養護老人ホームで一か月、一週間単位で実習をしました。デイサービスでも実習し、ホームヘルパーさんに同行して多くの高齢者の自宅も回りました。そんな中で一番きつかったのは老人病院での実習でした（写真2-1）。年末年始に一週間泊まり込んで、朝から晩まで、食事介助、シーツ交換、おむつ交換、入浴介助。さらに、患者のお年寄りと一緒に入浴もしました。老人病院の実習で、介護職員さんと一緒に一度に数十人のオムツ交換。介護職員さんの頑張りには、頭が下がりました。中腰での作業が多く、私は腰痛になり、苦しみました。正月三が日にも休まず働く、介護職員の方々。

休憩時間に、数人の介護職員の女性たちとミカンを食べながら話を聞きました。「なぜ、この仕事をしているのですか？」と私が聞くと、介護職員さんは、「お金で選ぶなら、もっと給料のいい仕事は他にもある。でも家族と離ればなれになったこの老人の方々には、私たちしかいないと思うと、この仕事はやめられない。体調が悪くても休めない」とのこと。

逆に、介護職員さんから聞かれました。「兄ちゃんは、松下政経塾の塾生ということは、将来、政治家なるの？　票にもならんけど、私らの給料あげてくれへんか。誰も私らの声なんか聞いてくれへん」。

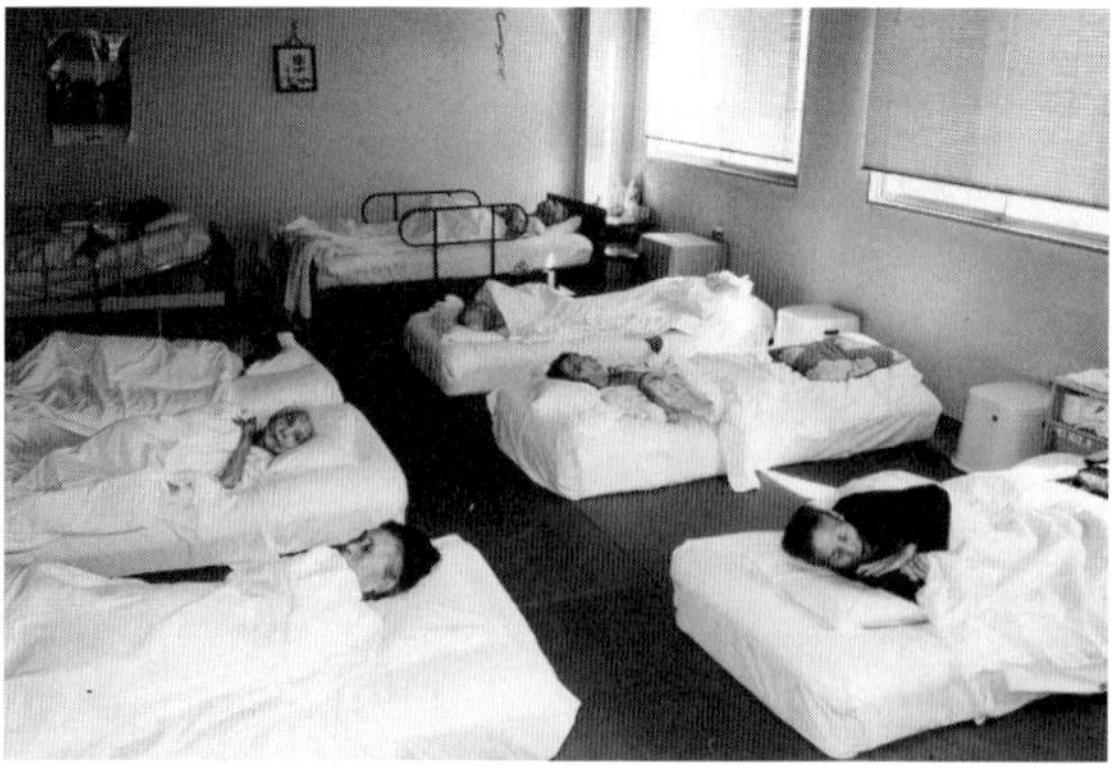

写真 2-2
▷老人病院の大部屋に多くの高齢者が寝たきりでおられました。面会する家族も少なく、自分の人生を考えさせられました。低賃金で献身的に働く介護職員の方々には頭が下がりました。

人里離れた山奥の古びた老人病院。各部屋に八人の寝たきりや認知症の高齢者がびっしり入院しています（写真2-2）。そんな中で、ウンチやおしっこにまみれながら、笑顔で優しく働いておられる介護職員の女性たち。その女性たちのお年寄りへの愛情に、私は感動しました。同時に、その介護職員の方々から「政治家になって、私たちの給料をあげて」と、言われて、私は使命感に似た何かを感じました。全国の特別養護老人ホームでも実習し、在宅のホームヘルパーとともに一緒に回りましたが、どこでも賃金の引き上げの要望を聞きました。

そのような介護の現場実習ののち、二年間スウェーデンで高齢者福祉の研究。帰国後に奈良女子大学専任講師を経て、三八歳で衆議院議員に初当選。当選と同時に、民主党に介護保険チームを立ち上げ、それ以来、政務官になるまで、八年間ずっと介護保険チームの座長を続けていました。

「介護従事者処遇改善法」の策定——超党派で成立

当選して七年たった二〇〇七年に、「高齢社会をよくする女性の会」が、「介護職員賃金引き上げ月三万円」の陳情に国会の各政党に来られました。女性の会の樋口恵子代表などのその要望書を、私たちも受け取りました。その日から早速、私は「介護人材確保法案（介護職員賃金引き上げ法案）」の策定に取りかかりました。先ほど、「子ども無保険救済法」の部分で書きましたが、政策を実現するためには、議員立法の策定が一番有効だと考えたのです。

資料 2-9　一般より約 10 万円低い介護職員の月給

区　分	企業規模計（10 人以上）			
	年齢（歳）	勤続年数（年）	きまって支給する現金給与額（千円）	所定内給与額（千円）
全産業男女計	42.0	11.9	324.0	295.7
ホームヘルパー	44.7	5.6	218.2	204.3
福祉施設介護員	38.7	5.5	218.9	205.7
全産業（男）	42.8	13.3	359.8	326.0
ホームヘルパー	40.0	3.7	235.0	216.6
福祉施設介護員	35.1	5.4	235.4	218.6
全産業（女）	40.4	9.1	249.4	232.6
ホームヘルパー	46.2	6.2	213.0	200.6
福祉施設介護員	40.5	5.5	210.6	199.2

出所：「平成25年賃金構造基本統計調査」より山井和則事務所作成（給与額は月額）。

しかし、介護保険チームを開いて議論すると、様々な課題が明らかになりました。まず法案策定の最初の壁は、「民間の社会福祉法人などの介護職員の賃金引き上げを、国の法律でどうやって強制できるのか？」という点です。実際、国が民間企業に「月給を二万円賃上げしなさい」とは強制できません。それは、経営者の裁量になるからです。しかし調べてみたら、日本では過去に二回ありました。一つは、戦後の看護師不足の際に、看護師の給与を国の方針で引き上げたそうです。また、一九七〇年代に学校の教師が足りないので、教師の給与を国の方針で引き上げました。ですから、介護職員の賃金引き上げも国の力でやれないことはないのです。事実上、介護職員の賃金は、国から介護事業所や介護施設に支払われる介護報酬により左右されますから。

二番目の壁は、「なぜ、介護職員の賃金だけを特別に引き上げるのか？　ワーキングプアなど、他にも低賃金の労働者はいるのに不公平ではないか？」という批判です（資料2-9）。この批判に対しては、「今後、高齢化が進むのに、このままでは介護職員が足りない」と説明して理解を得ました。

もう一つの批判は、「介護職員だけ賃上げして、同様に重要で低賃金の障害者サービスの職員の賃上げはしないのか？」というもの。これについては、最初から「介護職員も、障害者サービス職員も両方賃上げを」という法案にすると、議論が広がり、通りにくくなるので、まずは、「介護人材確保法」を成立させ、いざ介護職員の賃金を引き上げることになった時には、さすがに、障害者サービスの職員は放置することはできないから、セットで賃上げしよう、という話で決着しました。

当時は、自民党政権でしたが、参議院では民主党が多数を握る「ねじれ国会」で、民主党の主張が通りやすい状況でした。自民党議員の多くも介護職員の賃金は引き上げるべきと考えていましたし、民主党が「介護人材確保法案」を国会に提出したら、自民党も簡単には反対できないだろうと考えました。

民主党の議員立法として、月給を二万円引き上げる「介護人材確保法案」を提出し、女性の会から要望を受けた半年後の二〇〇八年四月一一日に国会で審議が行われました。

国会での答弁は、法案を策定した私が担当したのですが、他党の議員からは「なぜ、介護職員だけ賃金を上げるのか?」「他にも低賃金の労働者はいるのに不公平ではないか?」「財源はどうするのか？　財源がないから、賃金は上げられない」などと反対の厳しい質問を受けました。

私は、「高齢社会には質の高い介護職員が多数必要で、そのため介護職員賃金引き上げは必要不可欠です。介護職員の賃金は、一般の女性労働者の平均賃金より三割も低い。賃上げにすれば、介護職員だけが喜ぶのではなく、高齢者本人や介護家族も含め、恩恵を受ける人は多い」と必死に反論しました。

自民党議員からは、「民主党の議員立法には賛成できない」という声が高まり、法案は可決されない雰囲気でした。しかし、この法案に自民党も反対しづらい。

そこで、「月給を二万円引き上げる民主党の『介護人材確保法案』の採決をしない代わりに、いくら賃上げかは明記せず、賃上げをやろうという趣旨だけのシンプルな法案を超党派で提出し、成立させないか?」との打診が、自民党議員から私に来ました。

一〇〇点満点ではないですが、超党派ですべての国会議員が賛成して、「介護職員の賃金を引き上げる」という趣旨の法律を成立させることは一歩前進だと考え、合意をし、超党派で「介護従事者等の人材確保のための介護従事者等の処遇改善に関する法律」を成立させました(二〇〇八年四月)。最終的に超党派で成立した法律は、「介護従事者処遇改善法」と名前が少し変わりました。

当時は、マスコミからも「介護職員の賃金を引き上げます」という趣旨だけをシンプルに書いた簡単な法律で、本当に介護職員の賃金はアップするのか?と、疑問の声が上がりました。

しかし、「たかが議員立法、されど議員立法」です。この法律が引き金になり、翌年二〇〇九年四月には介護保険がスタートして初めて介護報酬がプラス改定になり、介護職員の賃金が平均九〇〇〇円(月)、障害福祉職員は平均七二〇〇円(月)アップしました。

さらに、それだけでは賃上げは不十分だということで、麻生総理は二〇〇九年三月に追加の経済対策の一つとして、介護職員の処遇改善交付金と障害者サービス職員の処遇改善交付金(三年間で六〇〇〇億円)を打ち出し、月一万五〇〇〇円の賃上げを決めました。夏に衆議院選挙を控えていたことも影響しました。

ちなみに、後述のように二〇一四年六月二〇日には、再び議員立法「介護・障害福祉従事者処遇改善法」が全政党賛成で成立しました。

政務官として処遇改善交付金（月一・五万円の賃上げ）に取り組む

その後、二〇〇九年九月に政権交代。そのため処遇改善交付金を介護事業所や障害者施設に支給し、賃金引き上げを要請するのは、長妻厚生労働大臣と政務官の私の担当となったのです。政務官として処遇改善交付金の利用を記者会見やいろいろな場で長妻大臣と共にPRしました。しかし、事業所の六〇％くらいしか交付金の申請が当初は上がってきませんでした。その理由の一つは、この交付金は介護職員だけの賃上げを行うもので、同じ介護施設の生活指導員や事務員などは賃上げの対象にしていません。そのため一般職員と不公平だという批判が高まりました。また、申請書類が面倒という理由もありました。しかし、やっとのことで、超党派で二年がかりで介護従事者処遇改善法を成立させ、財源を確保したのですから、何としても一〇〇％の事業所に申請をしてほしいと思いました。

しかし、それでも申請しない事業所があるので、私は厚労省の担当者に、「全国の自治体ごとの交付金の申請率（％）を公表し、申請率が低い自治体は厚労省から個別指導をしてほしい！」と指示し、できるだけ一〇〇％に近い事業所が申請し、ほぼすべての全国の介護職職員や障害サービス職員の賃金が上がるようにしました。ただし、交付金はボーナス（賞与）などの一時金となったケースが多く、必ずしも月給は上がっていない事業所もありました。

さらに、処遇改善交付金は二年半限りでしたので、その賃金引き上げの財源が正式に介護報酬や障害者サービスの報酬に組み込まれ、月一・五万円の賃上げが恒久策になるのは、三年後の二〇一二年四月でした。

ちなみに、処遇改善交付金による月給一・五万円の引き上げを恒久化するためには、介護報酬をそれに見合う分、引き上げる必要があります。前述のように二〇一一年一二月末に診療報酬がプラス〇・〇〇四％で決着しましたが、その日のうちに介護報酬の改定率も決めねばなりません。

月給を一・五万円上げる処遇改善交付金を介護報酬に組み込むには、プラス二％の改定が必要です。厚労省の担当者から、「国会議員は診療報酬引き上げには熱心だが、介護報酬引き上げは誰も関心がない。助けてほしい」とＳＯＳ。また、厚労省の政務三役からも、「財務省はプラス〇・四％、実質一・六％のマイナス改定を主張している。助けてほしい」と、ＳＯＳが入りました。

民主党幹部にも頼み込みましたが、「診療報酬のプラス改定を勝ち取る戦いで力尽きた。もう、介護報酬の戦いまでは無理だ。山井さん、頑張ってくれ！」とつれなかった。やはり、医療への関心と介護への関心は議員の中でも大きな落差があるのです。

当時、私は国会対策副委員長として、様々な法案を成立させる野党との交渉役をしていました。そして、消費税増税法案や赤字国債発行法案という財務省の法案を成立させる責任も負っていましたので、財務省の政務三役とも毎日、話をしていました。

厚労省とも連携し、財務省の政務三役に頼み込み、最終的には、介護報酬は一・二％プラス改定で決着しました。物価がデフレにより〇・八％下がっているので、介護事業者が購入する物品も〇・八％は下がっており、その分を二％から差し引いて、一・二％のプラス改定。介護職員の賃金一・五万円引き上げの処遇改善交付金の財源は、ギリギリ確保できる形で決着しました。

これにより三年間続いた処遇改善交付金は、介護報酬などに組み込まれ、介護職員、障害福祉職員の賃金引き上げを恒久化することができました。

消費税一〇％時には、介護職員の賃金引き上げを予定

さて、民主党は、政権交代前の二〇〇九年に、介護職員の月給四万円引き上げを目指すことをマニフェストに掲げ、政府に実現を迫ってきました。それを受け政府は、今述べたように二〇〇九年四月に三％の介護報酬引き上げ（月九〇〇〇円の賃上げ）と、二〇〇九年一〇月からの処遇改善交付金（月一万五〇〇〇円の賃上げ）を実施。理論上は、合計二万四〇〇〇円賃上げになったことになります。この処遇改善交付金は前述のように、二〇一二年四月の介護報酬一・二％プラス改定に組み込まれ、賃上げの予算は引き続き介護事業所に渡っている形になって

資料 2-10　介護職員の処遇改善についての取り組み

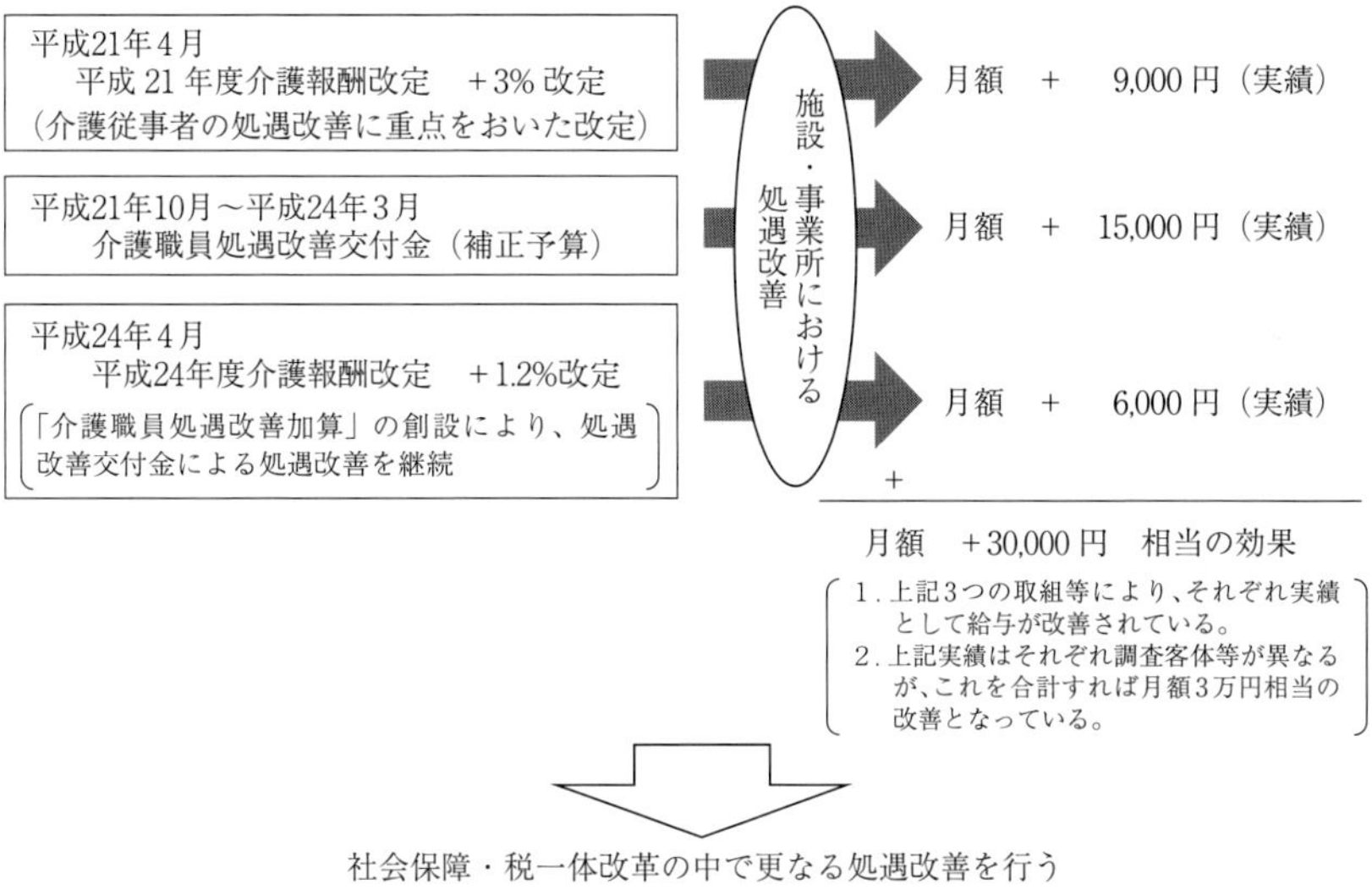
平成21年４月
平成 21 年度介護報酬改定　＋3% 改定
（介護従事者の処遇改善に重点をおいた改定）
平成21年10月～平成24年３月
介護職員処遇改善交付金（補正予算）
平成24年４月
平成24年度介護報酬改定　＋1.2%改定
「介護職員処遇改善加算」の創設により、処遇改善交付金による処遇改善を継続
施設・事業所における処遇改善
月額　＋　9,000 円（実績）
月額　＋　15,000 円（実績）
月額　＋　6,000 円（実績）
＋
月額　＋30,000 円　相当の効果
1．上記３つの取組等により、それぞれ実績として給与が改善されている。
2．上記実績はそれぞれ調査客体等が異なるが、これを合計すれば月額３万円相当の改善となっている。
社会保障・税一体改革の中で更なる処遇改善を行う

出所：厚生労働省資料。

います。ただしこれは、平均的な正規職員の場合であり、非正規雇用の介護職員の賃上げはもっと少ないはずです。ボーナスという一時金の形で渡している介護事業所では、月給は上がっていないかもしれません。

その後の介護職員実態調査で、二〇一二年九月と二〇一三年九月の比較調査によれば、月給が六〇〇〇円アップしたという結果が出ました。よって、厚労省資料によれば過去四年間で合計、二万四〇〇〇円プラス六〇〇〇円で約三万円は月給が上がっている計算になるとのことです（資料2-10）。ただし、これらは同一職員を四年間追跡した調査ではないので、実際に月給が三万円アップしているかはわかりません。そんなにアップしていないという声が現場では大きいです。

さらに今後、消費税が一〇％に上がる時点で、月一万円分の介護職員賃上げの実現を目指しています。そのため、介護職員賃上げ財源として年二五〇〇億円の確保を民主党政権時に決めました。今は自民党政権にはなりましたが、当初の予定通り、消費税一〇％時に、介護職員の賃金が一万円アップするように働きかけます。

なお、消費税増収分は、「医療、年金、介護、子育て支援」

にしか使えないことになっています。よって、消費税増収分は障害者サービス職員の賃金引き上げの財源に回すことはできません。消費税率が一〇％にアップする際には、介護職員のみならず、障害者サービス職員の賃金も同様にアップするように、予算確保に超党派で取り組みます。ちなみに、私も提出者の一人となって、二〇一三年春に、再度、議員立法「介護人材確保法案」（月給一万円引き上げを目指す）を国会に提出しました。後述のように、今回も「介護・障害福祉従事者処遇改善法」という形で超党派の賛成で成立しました（二〇一四年六月二〇日）。

介護サービス切り下げを阻止した三年間だったが

なお「他の社会保障政策に比べて、介護政策は民主党政権で充実しなかったではないか？　山井さんは介護もライフワークではないのか？」と、思われるかもしれません。

介護については、急速に高齢者が増え、介護予算が膨らむ中、現状の介護サービスを維持し、自己負担増やサービスカットを阻止することや、介護職員の賃金引き上げに全力を尽くしました。実際、政権交代前の自民党政権の際にすでに、介護保険の二割負担の導入や、要支援サービスを介護保険から外すことが検討課題には上がっていました。しかし、私たちは、「社会保障の充実を旗印に政権交代したのに、介護をカットすることはできない」と考え、介護保険の改悪を阻止しました。しかし、民主党政権でなくなった途端に、要支援の介護保険外しや一定以上（年収二八〇万円以上）の所得のある高齢者の二割負担の導入の法改正（二〇一五年度から実施）が行われました。

つまり、民主党への政権交代が起こっていなかったら、要支援を介護保険から外すことや、二割自己負担の導入は、二、三年前に自民党政権で行われていたかもしれません。

また、最近、介護の人手が足りないから、介護の技能実習の形で外国人労働者を訪日させ、任せればよいという提案が成長戦略の中で政府から出てきました（二〇一四年六月二四日）。申し訳ありませんが、日本語や日本文化、伝統、習慣を熟知していない外国人に、人生の恩人である尊敬すべき高齢者の介護を任せればよいという安易な考えには、私は賛同できません。まずは、賃金を引き上げて介護職員を増やすべきです。このように政権が変わった途端に、介護の切り下げが次々と行われるのは残念です。

5　肝炎の戦い
――薬害C型肝炎、予防接種B型肝炎の和解と医療費助成

政務官になって私が特に力を入れた施策の一つに、肝炎対策があります。肝炎とは肝臓の病気ですが、ウイルス性肝炎の感染者は全国で約三〇〇万人。感染者は「キャリア」とも呼ばれ、感染だけで発病しない場合も多いですが、発病し悪化すれば肝硬変、肝臓がんとなりかねず、「二十一世紀の国民病」とさえ言われています。一年に約四万人、一日に約一二〇人の方が、肝臓がんや肝硬変で亡くなっています。

二〇一〇年度の予算では、肝炎へのインターフェロン治療の医療費助成の予算を一八〇億円（前年度は一二一億円）に大幅に増やし、多くの患者の方々が治療を受けられるようになりました。同時に、政権交代直後の秋の臨時国会で、最初に成立させた議員立法が「肝炎対策基本法」でした。さらに、B型肝炎訴訟が大きな課題でした。

ここ数年の肝炎対策の取り組みを述べる前に、私と肝炎問題のきっかけである薬害C型肝炎訴訟の戦いについて述べます。

資料2-11　C型肝炎のキャリア数等について

キャリア数	約190〜230万人（推定）
患者数	約37万人（推定） （慢性肝炎　約28万人／肝硬変・肝がん　約9万人）

注：「キャリア」とは、肝炎ウィルスが体内に持続的に存在し続けている状態の者。
出所：厚生労働省「肝炎対策推進協議会」（2010年）資料より山井和則事務所作成。

国の不作為による薬害C型肝炎――出産の際の止血剤に肝炎ウイルスが混入

二〇〇六年一一月。国会では感染症予防法の審議をしており、私は質問の準備をしていました。そんな時、まさに感染症である薬害C型肝炎訴訟の報道を目にしました。

出産の時の止血剤フェブリノゲンやクリスマシンに、肝炎ウイルスが混入しており、多くの母親や子どもが感染。当時、すでに国際的には肝炎ウイルスの感染が問題視され日本でも感染が確認されていたのに、厚労省は対応を怠り被害を拡大させたという事件です。被害者の方々が、薬害C型肝炎訴訟に立ち上がったのです。

私は薬害肝炎の問題の深刻さを知り、被害者の救済、つまり訴訟の和解、国による謝罪と医療費助成などの肝炎対策の充実を国会質問で求めました（資料2-11）。

しかし、厚労省の姿勢は固く国の責任を認める気はなく、医療費助成も全くやる気なしでした。私は、原告代表の山口美智子さんをはじめ多くの原告の方々と連日お目にかかりました。何の罪もない方々が国の不作為により肝炎に感染し、人生が台無しになっている事態を何とかせねばと感じました。

「私の人生を返してほしい！」

「なぜ私のみならず、子どもまでが肝炎にならないとダメなのですか？」

「国は責任を認めて謝罪し、一日も早く肝炎対策を充実してほしい！」

写真2-3
▷民主党肝炎対策会議。C型肝炎、B型肝炎の裁判の原告から何度も切実な話を聞きました（2007年8月）。

「自分たちが訴訟を戦うことを通じて、まだ感染に気づいていない多くの方々が肝炎感染に気づき、手遅れにならないうちに治療してほしい」

涙ながらのお母さんの声、また、お子さんの声を何度もお聞きしました。

肝炎が発病し、家事もできなくなり、家庭崩壊や離婚に至るケース。仕事を断念するケース。最悪は死に至るケース。早期発見の場合など、インターフェロン治療で完治するケースも増えつつありますが、それでも肝炎対策は非常に重要です。涙ながらの原告の訴えに対し、国は全く動こうとしませんでした。強固な国の姿勢を崩せず、裁判も膠着状態、先行き不透明になっていました。

参議院選挙で流れが急変――薬害C型肝炎訴訟は和解へ

事態が動いたのは、二〇〇七年七月二九日の参議院選挙。民主党が勝ち、参議院で自民党が過半数割れに転落。参議院では野党が多数という「ねじれ国会」になったのです。

私は以前から、参議院選挙で勝って「ねじれ国会」になれば、「肝炎対策法案」を議員立法で作り国会に提出したいと考えていました。この議員立法が固い岩盤のような国の姿勢を突き崩す突破口になると、考えました。薬害C型肝炎訴訟の原告の方々からも、「肝炎患者を救済する法律をつくって欲しい」とかねてから要望を受けていました。

七月二九日、参議院選挙の投票日の晩。「ねじれ国会」になることをテレビの当確予測で確認し、九時過ぎに京都で当選の「万歳！」をしたのち、私は最終の新幹線に飛び乗り、民主党本部に向かいました。

深夜一二時過ぎ、民主党勝利で沸く民主党本部の片隅で早速、先輩議員とひそかに相談し、その場で「秋の臨時国会で、肝炎対策法案を提出しよう！」と、意思固めをしました。

参議院選挙が終わった数日後に、早速薬害肝炎原告の方々が、肝炎訴訟の和解に向けての要望に民主党本部に来られました。夏の暑い日でした。山口美智子さんをはじめとする肝炎患者の原告の涙ながらの要望を受け、私たちは「肝炎患者を救済するための法制化を進め、臨時国会に肝炎対策法案の提出を目指す」との方針を決めました（写真2-3）。

たかが野党の議員立法と思われるかもしれませんが、されど議員立法。ねじれ国会においては、少なくとも参議院で提出すれば、野党の賛成多数で「肝炎対策法案」は、参議院を通過します。そうすれば与党も衆議院で、肝炎患者の命を救う法案に反対し、つぶすことはできません。

C型薬害肝炎、一八九七人を救済

「肝炎対策法案」の内容は、肝炎患者へのインターフェロン治療の医療費助成というものです。この医療費助成の要望を私は、それまでに何度も国会で質問してきましたが、厚労省は、「インターフェロン治療の医療費助成を肝炎だけに適

資料 2-12　薬害肝炎　首相、国の責任認める

薬害肝炎

首相、国の責任認める

大阪訴訟　製薬会社、和解協議へ

薬害C型肝炎訴訟について、福田首相は31日、記者団に対し、「政府に責任がないというわけにはいかない」と述べ、国の責任を認めた。首相が同訴訟で国の責任に踏み込んで発言したのは初めて。同訴訟では現在、大阪高裁が和解を打診しており、原告、国に続いてこの日、[redacted]も和解協議に応じる方針を同高裁に伝えた。国が責任を認めた上、訴訟の当事者が協議の場にそろったことで、和解協議は大きく動き出すことになった。

薬害C型肝炎訴訟で原告側は、国が責任を認めて謝罪することを強く求めている。福田首相は同日夕、薬害C型肝炎訴訟について、記者団から「国の責任と謝罪を含めて全面的に解決する考えはあるか」と問われ、「いろいろな議論を踏まえて判断すべきだが、今までの経緯を見ていて、政府に責任がないというわけにはいかないと私は思っている」と述べた。

大阪高裁による和解打診後、初めてとなる11月7日の口頭弁論で、高裁が和解勧告に踏み込むかどうかが当面の焦点になる。

大阪訴訟は全国5か所の訴訟のうち最も審理が進んでおり、大阪高裁は9月14日に原告、被告に和解による解決を打診。「少しでも可能性があれば、和解勧告する」としていた。原告側は和解希望案を提出、国も和解の席につく意向を伝えたが、[redacted]は「10月1日に合併会社が発足したばかりで、回答は難しい」と回答を見送っていた。

この日、記者会見した大阪訴訟の原告代理人の[redacted]弁護士は「早期解決のため、大阪高裁は11月7日に和解勧告とともに、所見を表明してほしい」と述べた。

出所：『読売新聞』2007年11月1日。

用するのは不公平」という理由で、絶対反対の姿勢でした。

しかし私たちの言い分は、「薬害など人災の可能性がある肝炎は特別扱いすべきだ」というものです。つまり、肝炎へのインターフェロンの医療費助成は是か非かという議論を国会で正々堂々とすれば、必ず薬害C型肝炎に国の責任はあるのかどうかという議論にならざるを得ないのです。

予想通り、九月に与党が動きました。初めて「肝炎のインターフェロン治療の医療費助成をすべき」との見解を発表しました。私たちが「肝炎対策法案を策定して、提出する」と発表してから一か月後。まだ、私たちが「肝炎対策法案」を完成させもしていないのに、与党は動いたのです。これが、議員立法の威力です。長年、動かなかった課題が、野党が「議員立法を提出する」と発表しただけで、与党や厚労省を動かしました。「ねじれ国会」では、野党の議員立法でも少なくとも参議院では可決されますので、成立する可能性が高まります。

与党が動けばマスコミの報道も増えます。九月以降、肝炎問題にスポットライトがあたり、連日薬害肝炎被害者の訴えが報道されるようになりました。薬害C型肝炎の判決が各地で出たことや、厚労省が薬害C型肝炎の感染者のリストを隠ぺいしていたことも発覚し、薬害肝炎訴訟は和解に向け動き出し、国も責任を認

めました（資料2-12）。

しかし、私たち民主党議員も総理官邸に直談判に行きましたが、対応した与党幹部からは、「そんな何十万人、何兆円もかかるような肝炎患者の救済はできない」と、剣もほろろな対応でした。一二月上旬には、原告が総理官邸まで最後の直談判に行ったにもかかわらず、訴訟の和解交渉は決裂。涙する薬害被害者の姿が報道され、福田内閣の支持率は下がりました。

さすがに、これはまずいということで、与党が窮余の策として、「薬害肝炎救済法」（二〇〇八年一月）を策定し、訴訟は和解に向かうことになりました。二〇〇七年一二月二四日。クリスマスイブのことでした。正式には、二〇〇七年一月一五日に、和解の調印式が総理官邸で行われ、国は謝罪と肝炎対策の充実を約束しました。

結果的に救済されたのは二〇一四年一月末までに一八九七人で、給付（賠償金総額は四五八億円。この額は当初、政府が「一兆円以上の賠償金がかかる」と言っていた額よりも二けた小さい数字です。いつでも政府は、裁判においては、「救済に数兆円かかる」と莫大な数字を主張し、それを理由に和解を拒みますが、いざ和解すると補償額はけた違いに少ないのが常です。これは、後で述べるB型肝炎訴訟も全く同じ構図です。

八月の暑い日に、私たちが「肝炎対策法案」の策定を発表してから四か月で、薬害肝炎訴訟は急転直下、和解になりました。結果的には、民主党が参議院選挙で勝ち、「ねじれ国会」になっていなければ、薬害肝炎訴訟はまだ和解になっていなかったかもしれませんし、その後のB型肝炎訴訟も和解になっていなかったかもしれません。選挙の結果により、多くの人の命が救えたのです。しかし、すでに失われた命と人生は戻ってはきません。政治の責任の重さを改めて痛感しました。

肝炎対策基本法が成立

国の責任明記、患者負担減

肝炎患者救済の総合対策を盛り込んだ肝炎対策基本法は三十日午前の参院本会議で、全会一致で可決、成立した。自民党は欠席した。同法は与野党が提出した議員立法で、B型、C型肝炎感染拡大で「国の責任」を明記。国と地方公共団体が、患者の経済的負担軽減のため必要な措置を講ずるとした。

＝関連⑩面

参院本会議では、このほか、ワクチンによる副作用の補償を定めた新型インフルエンザ対策特別措置法、借入金の返済猶予を促す中小企業金融円滑化法、国家公務員の給与を引き下げる改正給与法も与党、公明党などの賛成多数で可決、成立した。

これにより、政府が今国会に提出した法案十二本のうち九本が成立。

与党は同日の国対委員長会談で、衆院で審議中の日本郵政株式売却凍結法案などを、十二月一日に衆院通過させ、今国会で成立させる方針を確認した。

また参院本会議では、薬害肝炎訴訟終結のための基金創設法案（参院先議）も可決し、衆院に送付した。

政府が提示した十二機関二十六人の国会同意人事案も可決した。

自民党は、民主党の国会運営に反発し、三十日午前の参院本会議を欠席。同日午後の衆院本会議も欠席した。

資料 2-13　肝炎対策基本法が成立

▷肝炎対策基本法の成立が突破口となり、20 年以上放置されてきたＢ型肝炎訴訟が和解へと大きく前進しました。

出所：『東京新聞』2009年11月30日。

肝炎対策基本法の成立——B型肝炎訴訟和解のきっかけ

さて、薬害C型肝炎訴訟は和解しましたが、話はこれでは終わりません。なぜなら、和解で救済される被害者は、ごく一部だからです。当時、肝炎ウイルスが混入したとみられるフェブリノゲンやクリスマシンを投与した証拠となるカルテが残っている一〇〇〇人から三〇〇〇人くらいの患者は、被害者として救済され和解金も得られます。しかし、二〇年、三〇年も前のことなので、カルテがない被害者が多いのです。

しかし、カルテや証拠がない患者まで一括して救済するわけにもいきません。そこで、カルテがある患者には被害者として和解金を支払うと同時にカルテのあるないにかかわらず、肝炎患者への対策を進めようというのが、政府の考えでした。しかし、その一般的な肝炎対策が不十分で予算も少ないのです。

さらに、薬害C型肝炎訴訟の以前から集団予防接種の針の使いまわしによりB型肝炎に感染したという、B型肝炎訴訟も争われていました。この訴訟でも、国は予防接種によるB型肝炎感染の責任を認めることを固く拒んでいました。

薬害C型肝炎訴訟が終わっても、肝炎対策の充実、医療費助成、B型肝炎訴訟が積み残されたままでした。私が政務官として、これらの課題に長妻大臣の指示のもと取り組むことになりました。

このような経緯があったため、二〇〇九年秋の臨時国会で、民主党政権で最初に成立させた議員立法が、「肝炎対策基本法」でした（資料2-13）。これは、衆議院議員に初当選した薬害C型肝炎訴訟の元原告、福田衣里子議員のがんばりによるものでした。この法律は肝炎対策を推進する基本法で、この法律をもとにインターフェロン治療への助成を含めた肝炎対策の予算拡充が一つの目的でした。しかし、もう一つの目的は、予防接種での注射針の回し打ちによるB型肝炎感染のことも明記し、B型肝炎訴訟を和解に導く突破口にすることでした。

「この肝炎対策基本法では、B型肝炎訴訟で国が不利になるのではないか」と政府内から不安の声も出ましたが、逆に長妻大臣と私はB型肝炎訴訟も和解に導かねばならないと決意していましたので、肝炎対策基本法の成立を後押ししました。

二〇一〇年度の予算編成では肝炎へのインターフェロン治療助成の予算を年一八〇億円へと五割増やし、自己負担を月三万円から一万円に下げることや利用回数を増やすなどの充実をはかりました。インターフェロン治療により、六割の患者さんが一年以内に完治するという調査結果が出ているにもかかわらず、今まで

資料 2-14　B 型肝炎のキャリア数等について

キャリア数	約 110〜140 万人（推定）
患者数	約 7 万人（推定） （慢性肝炎　約 5 万人／肝硬変・肝がん　約 2 万人）

注：「キャリア」とは、肝炎ウィルスが体内に持続的に存在し続けている状態の者。
出所：厚生労働省「肝炎対策推進協議会」（2010年）資料より山井和則事務所作成。

は医療費助成が不十分で月三万円もの負担がありました。民主党政権で、やっと年一八〇億円の予算を獲得することができ、月一万円に自己負担を下げることができました。これにより新たに数万人の患者さんが、インターフェロン治療を受けることができるようになりました。そのうち六割の方は完治するのですから、将来的な医療費も少なくて済みます。

B型肝炎訴訟——「二〜三兆円かかる」と政府は言ったが

ただ、B型肝炎訴訟は、簡単には和解に進みませんでした。例によって、政府からは「予防接種の注射針で感染したB肝炎感染者は、百万人以上なので、多くが和解を求めたら、財源は二〜三兆円かかるかもしれない。国家財政が持たない」との反対意見が出ました。

とはいえ、最高裁で国の責任を認める判決もB型肝炎訴訟では二〇〇六年に出ており、放置できない問題でした。

野党の時には、薬害C型肝炎の被害者の方々と一緒に厚労省の担当者と戦っていた私ですが、逆に、B型肝炎訴訟の担当政務官として、厚労省の窓口として被害者の方々との話し合いに出席することになりました。私の立場が、一八〇度変わりました（資料2-14）。

「なぜ、救済してくれないのか!?」

「被害者はどんどん肝臓がんになって亡くなっている。いつまで引き延ばすのか⁉」

「政権交代したら、救済すると言っていたではないか⁉」

などと厳しい罵声を浴びることもありました。以前は、仲間として一緒に戦っていた被害者の方からも怒鳴られ、本当に参りました。

長妻大臣や私、さらに弁護士でもある細川律夫厚生労働副大臣は、気持ちとしては一日も早く和解救済をしたいと考えていましたが、多くの予算が発生する問題であり、結局それは、国民負担になる話ですから、簡単に話は進みません。

財務省、法務省、総理官邸などとの厳しい交渉をせねばなりませんでした。被害者の方々からは必死に迫られ、政府内では「財源が確保できない」と反発され苦労をしました。

しかし、二〇一〇年にはやっとB型肝炎訴訟は和解。財源は、肝炎対策の増税を時限立法でして確保することになりました。和解のあと訴訟の原告の方からも「ここまでの交渉の最中には、山井さんに怒鳴ったこともあったけど、申し訳なかった」と言われました。しかし、原告の方々も肝臓がんの悪化で苦しみながらも、仲間の患者のために交渉しておられるわけで、必死のあまり声を荒げられるのも当然だったと思います。

いろんな苦労がありましたが、不可能と思われていたB型肝炎訴訟も和解になりました。ちなみに、この訴訟においても政府は当初二～三兆円の財源が必要と主張していましたが、給付（賠償）金の支払いは二〇一三年末までで、まだ六〇

写真 2-4
▷肝炎患者団体の方々から肝硬変や肝臓がんなどへの医療費助成の要望書を受け取りました。医療費助成は肝炎患者の方々の悲願です（2014 年 5 月）。

〇四人。給付（賠償）金の総額は予算として一八九五億円に過ぎません。薬害C型肝炎と同様に、政府は「二～三兆円の賠償金がかかる」と試算をして和解を拒み続けていましたが、その試算がいかに過大なものであったかがわかります。

もちろん、予想以上に財源がかかって国民負担が後になって膨大になることは無責任です。しかし、逆に膨大な財源がかかるという口実で、和解を今日まで何年も引延ばし、その間に多くの肝炎患者の方々が亡くなったのも事実です。国は猛省をすべきです。

さてここまで来てもまだ肝炎対策については、二つ大きな積み残した課題があります。一つ目は、薬害再発防止のための第三者機関の設置法の成立です。薬害肝炎の反省のもと、二度と薬害を起こさないためには、法律に基づいた薬害再発防止の第三者機関を設置する必要があります。これがまだ実現していません。何とか早急に成立させねばなりません。

さらに、肝炎患者の悲願は、医療費助成です（写真2-4）。肝炎は再発も多く、医療費が長期にわたってかかる病気です。一〇年来の患者会の悲願である医療費助成について、今後もその実現に向けて取り組んでいきます。

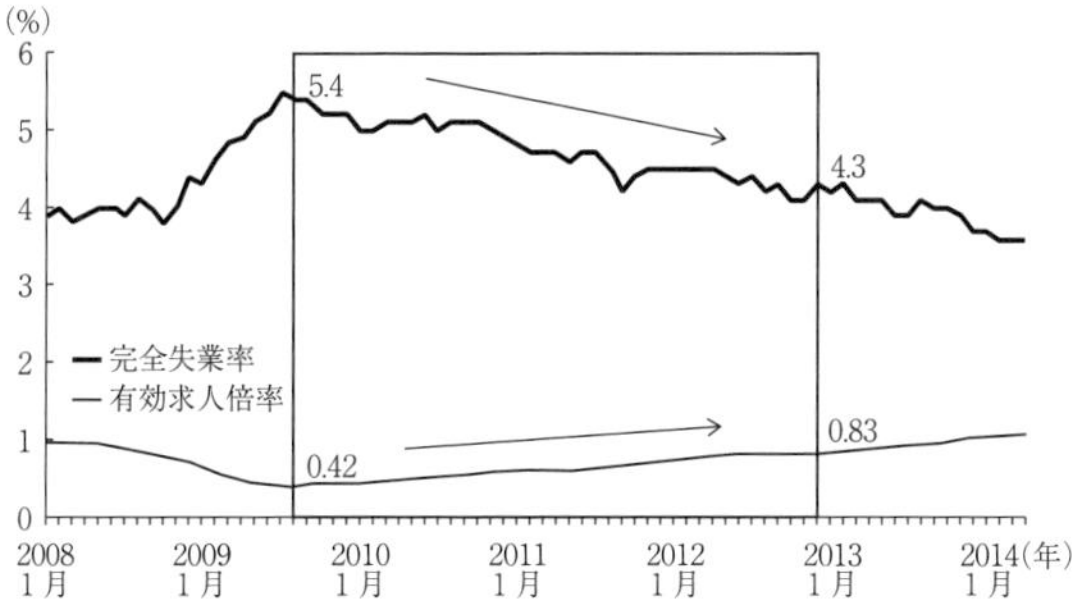

資料 2-15　完全失業率と有効求人倍率の改善

▷ 2009 年から 2012 年にかけては、失業率は下がり、有効求人倍率は上がり、雇用環境が改善しました。

出所：「労働力調査」（総務省）、「一般所業紹介状況」（厚生労働省）より山井和則事務所作成。

6　非正規雇用を減らし、正社員を増やしたい
――求職者支援法の創設、労働者派遣法や労働契約法の改正

安定雇用が社会の基盤

話は変わり、雇用・労働問題の民主党政権時の取り組みに移ります。

今の社会の最も大きな問題の一つは、非正規雇用、いわゆる有期雇用、パート、契約社員、派遣労働者などの増加です。これらは、正社員に比べて、雇用が不安定で低賃金で待遇が低いのです。有期雇用や派遣労働という働き方を望んで従事している人々はよいのですが、非正規労働者の中でも、正社員になりたくてもなれない「不本意・非正規雇用」が増えています。これが問題なのです。

低賃金で、数か月や一年単位のような細切れ契約の有期雇用が増えています。さらに、仕事場の会社に「直接雇用」されるのでなく、仕事場ではない派遣会社に「間接雇用」される派遣労働者も一時期、急増しました。しかし、リーマン・ショック後の「派遣切り」で社会問題になったように、派遣労働は雇用が極めて不安定なのです。

私たちは、「安定雇用なくしては、人生設計が立たない」、「安定雇用が社会の

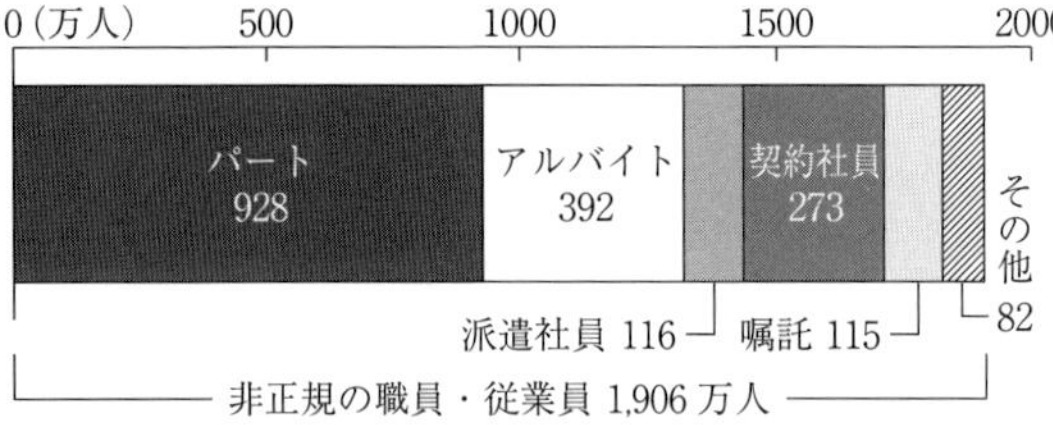

資料2-16　雇用形態別の非正規労働者数（2013年平均）

注：役員を除く正規職員・従業員は3302万人。
出所：「平成25年度　労働力調査年報」（総務省）より山井和則事務所作成。

基盤」、「雇用の安定なくして景気回復なし」という理念のもと、失業率の改善と共に非正規雇用の正社員化の誘導策、非正規労働者の待遇改善に力を入れました。実際、失業率も有効求人倍率は、二〇〇九年から二〇一二年にかけて回復しました（資料2-15）。一方、非正規労働者の割合は、引き続き増え続けました（資料2-16）が、次に述べるような施策を実行していなければ、もっと非正規雇用は急増していたと思います。

雇用政策は、即効性がなかなか出ない地味な政策ですが、非常に重要です。以下、主な五つの政策を説明します（資料2-17）。

短期労働者の雇用保険加入要件を大幅緩和——六か月以上から一か月以上に。新たに二五五万人が雇用保険に加入

まず一番目に実行したのは、派遣労働者などの短期労働者の雇用保険の加入要件の大幅緩和です。これは、非正規労働者の待遇改善が目的です。マニフェストで、「雇用保険をすべての労働者に適用する」と約束していたものです。それまでは、六か月以上の雇用見込みでないと、雇用保険に加入できませんでした。雇用保険に入っていないと、失業した時に、失業給付が出ません。六か月未満の雇用では、雇用保険の失業給付が出ず、問題となっていました。

そこで、加入要件を六か月以上から一か月（三一日）以上の雇用見込みに大幅に緩和する法改正をしました。このことにより、数か月の短期契約で働く派遣労

資料 2-17　雇用政策の 5 本柱

①短期労働者の雇用保険加入要件を大幅緩和（6 か月以上から 1 か月以上に。新たに 221 万人が雇用保険に加入）。
②求職者支援法の成立（年 15 万人に半年間の職業訓練を提供し、就労支援。低所得者には月 10 万円の給付金付き）。
③雇用調整助成金の要件緩和と大幅増額（解雇しない企業に、給与の一部を助成）。
④労働者派遣法を改正し、雇用の安定化を目指し、労働者保護を強化。
（日雇い派遣を原則禁止し、違法派遣を厳しく取り締まる「みなし雇用」を制度化、正社員の待遇に近づける均衡待遇を推進）。
⑤労働契約法を改正し、有期雇用労働者の無期への転換を推進（5 年間、有期で働いた労働者に無期雇用に転換する権利を与える）。

働者やパート労働者などが、「雇い止め」で失業した場合に、失業給付を受けやすくなりました。早速二〇一〇年の国会で改正雇用保険法を成立させ、二〇一〇年四月から新たに二二一万人の短期労働者にも、雇用保険が適用拡大になりました（資料2-18）。

求職者支援法の成立——職業訓練を無料で。低所得者には月一〇万円の生活費付き。約七万人が就職

二番目に実行したのは、求職者支援法（職業訓練の実施等による特定求職者の就職の支援に関する法律）の成立です。これは、失業者を減らす就労支援の充実です。リーマン・ショックにより「派遣切り」にあった派遣労働者などが失業し、一気に、生活保護に頼らざるを得ないケースが増えました。しかし、生活保護は、あくまでも最後のセーフティネット（安全網）です。雇用保険の受給期間（最大三六〇日間）が終わった人など、生活保護に至る前段階で、失業者に対して職業訓練を行い、就職を支援する求職者支援法の成立（資料2-19）が必要と考えました。

この制度は、失業者が半年間、職業訓練を受けることにより、スムーズに就職できるようにするものです。職業訓練のコースには、たとえば、パソコン、介護福祉、医療事務、デザイン、営業・販売などがあり、就職の面接試験に役立つマナー訓練などもあります。低所得者には、月一〇万円の生活費も支給し、生活保

資料 2-18　派遣労働者ら加入しやすく
出所：『読売新聞』2010年4月1日。

派遣労働者ら加入しやすく
改正雇用保険法成立

派遣労働者らの雇用保険加入を促進するための改正雇用保険法が、31日の参院本会議で与党と公明、共産両党などの賛成多数で可決され、成立した。4月1日に施行される。

改正法は、雇用保険の加入要件を、「6か月以上」の雇用見込みから「31日以上」に緩和することなどが柱だ。これにより、数か月の短期契約で働く派遣労働者らが、「雇い止め」の際などに失業給付を受けやすくなる。財源を確保するため、2010年度の保険料率を0・4%引き上げて1・2%とする。

厚生労働省は、雇用の見込み期間が6か月未満のため、保険に加入できない労働者は約255万人に上るが、このうちの多くが今回の改正で救済される見通しだとしている。

護になる前に、就職できるように手助けするものです。この制度は、実は、二〇〇八年に民主党が提案し、それを当時の政権が受け入れ基金事業として行っていました。しかし、法律の根拠のない基金事業では、永続性がなく、良い職業訓練コースも増えません。そこで、政権交代を機に求職者支援法を成立させ、予算を確保しました。求職者支援法の法整備は、二〇一〇年から始め、二〇一一年五月に法律が成立。一〇月から施行されました。二〇一一年一〇月からコースが始まり、二〇一三年一月までに約九万人が職業訓練を修了し、約七万人が就職。就職率は七六%。約六五%が無期雇用です（以上、厚労省調べ）。

雇用調整助成金の要件緩和と増額——解雇しない企業に、給与の一部を助成。二〇〇万人が対象

三番目に行ったのが、雇用調整助成金の要件緩和と増額です。これは、失業者を増やさないための改革です。雇用調整助成金とは、不況で事業縮小を迫られた際に一時休業などで従業員の雇用を守った事業主に支払われます。

不況の荒波の中でも、長年、育ててきた熟練した労働者を雇用し続け、将来また経営を立て直すことを支援するのが、雇用調整助成金の趣旨です。リーマン・ショックによりこの助成金の拡充なくしては、解雇が増えるという切羽詰った状況の中で、私たちは助成要件を緩和し、助成金を増額しました。リーマン・ショック翌年の二〇〇九年度は約八〇万の事業所が六五三五億円を使いました。雇用

を守り、解雇を防ぐ効果がありました。

しかし、自民党政権に戻り、この雇用調整助成金が、二〇一四年度には、五四五億円（二〇一三年度は一一七五億円）に半減されました。その代わりに、労働移動支援助成金という新しい助成金が（三〇一億円、二〇一四年度）創設されました。これは、リストラ（解雇）対象の労働者に再就職を支援した経営者に支給されます。つまり、雇用を維持する助成金は半減させ、リストラする助成金を創設するということは、雇用政策が一八〇度、転換したことを意味します。自民党政権は、「業績が悪化した企業がリストラできないのは問題。リストラしたほうが企業は再生できる」と考えているのかもしれません。ただ一方では、「いくら労働移動支援助成金があっても、経営が悪化した企業が、しっかりと再就職を支援できるのか？　雇用調整助成金が減ればリストラが増え失業者が増えるのではないか」との不安の声も大きいです。

「労働力移動」と言えば、聞こえは良いですが、中高年でリストラされた労働者が、これまでと同様の正社員としての新しい就職先を見つけられるのか？　労働者のみならず、

資料 2-19　求職者支援

▷生活保護の一歩手前のセーフティネットとして、求職者支援法を成立させました。

出所：『日本経済新聞』2010年8月5日。

求職者支援の恒久化検討

厚労省、来年度　安全網を再構築

生活給付付き職業訓練

厚生労働省は職業訓練中の失業者に月単位で生活費を支給する「求職者支援制度」を来年度から恒久化する検討に入った。時限措置である現在の訓練・生活支援給付制度を衣替えし、働く意欲がある人への支援を強化するのが狙い。企業頼みだったり、生活保護などに偏ったりしている安全網を再構築する意味もある。ただ、雇用規制の緩和を棚上げしたままでの支援拡充には批判も出そうだ。（訓練・生活支援給付制度は3面「きょうのことば」参照）

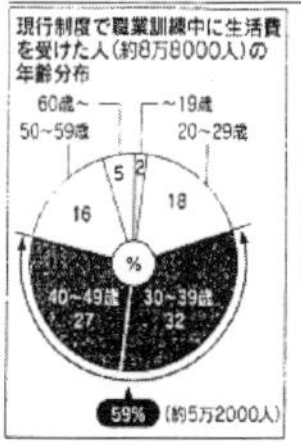

同省は同制度の恒久化を通じ、必要な分野に人材を供給しにくかった従来の安全網を再構築することを目指す。

現在は失業手当の受給を終えて再就職できないと、生活保護まで一気に進んでしまうケースも多く、労働市場に再び戻るのは難しくなるとされる。このため失業手当と生活保護の間にもう一つ安全網を張り、生活保護を受ける前に労働市場に戻れる仕組みを作る。

また、企業内に余分な正社員を抱え込むことにもつながっている雇用調整助成金による企業の教育訓練費の助成制度などは、縮小する方向。こうした一連の制度の変更を通じ、雇用の安全網の見直しを進める。

厚労省は必要財源を一般会計から充当する構えで、年間約2000億円を見込む。ただ、今月末に締め切る来年度予算の概算要求では、金額を明示しない「事項要求」にとどめる方向。来年の通常国会に関連法案を提出することで調整する。

支援対象は雇用保険の失業手当が切れた人や、雇用保険に加入できない非正規労働者など。失業中で職業訓練を受けている人に毎月10万5千円の生活費を支給する方向で調整する。給付金は非課税とする方針。利用できる人の年収には上限を設ける。IT（情報技術）や介護・福祉分野の訓練を重視する。

自公政権が昨年7月に始めた生活支援給付制度を実質的に衣替えする。現在は年収200万円以下で職業訓練を受けている人に月10万円を支援。2011年度末までの制度として始まったが、民主党は新政権発足後に予算を組み替え、10年度末までに短縮した。

民主党は支援制度について参院選マニフェストで「11年度中に法制化する」と明記した。ただ、参院で与野党が逆転し、法案が成立するかどうか予断を許さない。

現在の制度の利用者は7月時点で延べ12万人弱で、完全失業者（6月で344万人）の3・5％。これまでの間にこの6割が就職した。第一生命経済研究所の岩田陽之助氏は「1年間で12万人は少ない」とみる。実際、雇用保険の失業手当の受給者の72万人（6月時点）、雇調金認定者の128万人（同）を大きく下回る。利用者のうち生活費をもらった人の約6割が30～49歳の「働き盛り」だった。

家族の一生にもかかわる重大な問題です。決して、失業者が増えることがあってはなりません。

労働者派遣法の改正——労働者保護を強化。雇用の安定化を目指す

四番目に行ったのは、労働者派遣法（当時の労働者派遣事業の適正な運営の確保及び派遣労働者の就業条件の整備等に関する法律）の改正です。これは、野党（自民党）との交渉が難航し、成立したのは三年が経った二〇一二年でした。これは、派遣労働者の保護と待遇改善を目的とする改正でした。

私は国会議員になって一五年になりますが、その間に審議した法律の中で最も問題のある法改正の一つが、労働者派遣法の規制緩和でした。二〇〇四年には製造業に労働者派遣が解禁され、二〇〇六年には派遣受け入れ期間の延長などの緩和が行われました。リーマン・ショック後には、多くの製造業派遣労働者が「派遣切り」にあい、路頭に迷う人々が出ました。

このように派遣労働は雇用が極めて不安定なうえ、違法派遣などもあり労働災害が発生する割合が高いのです。製造業での死傷者の割合は、派遣労働者（一〇〇〇人率で、六・四八）は、全労働者（同、二・七四）の二倍以上の高さです（二〇一二年、厚労省「労働災害発生状況の分析」）。つまり、直接雇用している労働者にはさせないような危険な業務を、不慣れな派遣労働者が強いられている現場もあるのです。

労働法制の規制緩和の恐ろしいところは、一度緩和するとなかなか再び規制を強化できないことです。しかし、私たちは、派遣という不安定雇用を増やし、日本社会の格差を拡大させた労働者派遣法を、労働者保護と待遇改善の趣旨で改正せねばと考えました。

「日雇い派遣というその日暮らしの不安定な雇用が増えるのは問題」

「当日朝に現場に行ったら、派遣労働が禁止されている危険な現場だった。けれども仕事をしないと給料がもらえないので、やむなく仕事をした」

「派遣で危険な業務をさせられ、ケガをしたが、労災がおりず、泣き寝入りをした」

「直接雇用でなく、自分の会社の社員でないので、派遣労働者が危険な業務をさせられ、使い捨てにされる」

「給料を派遣会社に違法にピンハネされる」

など、問題が多く指摘されました。さらに、そもそも労働者派遣法すら守らない違法派遣の会社も多く摘発され、リーマン・ショックの反省からも、労働者派遣法はあまりに問題が多すぎるということで、与野党の認識が一致しました。そして、二〇一二年に自民党、公明党の賛成も得て、労働者派遣法を労働者保護の趣旨から改正しました。

具体的には、日雇い派遣の原則廃止（年収五〇〇万円以上の人などは、例外的に認める）、違法派遣の罰則強化（違法派遣の場合には、「みなし雇用」を適用し、無期で労働者を派遣先企業が雇わねばならない)、正社員に待遇を近づける派遣労働者の待遇改善などの法改正を行いました。積み残した課題も多々あり、不十分でしたが、一歩前進でした。

しかし、この労働者派遣法も、自民党政権に戻り、再び大幅な規制緩和、自由化をする労働者派遣法改正法案が二〇一四年に国会に提出されました。最大の改正点は、派遣労働の自由化です。派遣労働の原則の大転換です。これまで派遣は、「臨時的・一時的」な労働と位置づけられ、「常用代替禁止」つまり、正社員の仕事を派遣に置き換えてはならないという原則がありました。しかし、今回の改正案では、今まであった専門二六業務だけという派遣業務の制限をなくし、すべての業務で長期間派遣を認めることになります。

企業にとっては、景気がよい時だけ雇い、悪くなれば簡単に減らせる派遣労働者は使い勝手がよい労働者です。直接雇用しているわけではないので、契約終了も簡単です。ですから、今後新たに人を雇う場合には、正社員の採用を減らし、派遣労働者を増やそうと考える企業も増えてくるでしょう。さらに正社員をリストラしてその業務を派遣労働者に置き換える企業も増えるでしょう。

つまり、この改正案が実現すれば、企業は経営の自由度が増す反面、若者は正社員になりにくくなり、正社員はリストラされやすくなります。さらに、このような派遣を自由化すると、正社員になりたいのに一生、派遣で働かざるを得ない派遣労働者が増えます。

実際、「派遣労働者実態調査」（二〇一三年三月、インターネットによる）では、六割が正社員になることを望んでおり、派遣のままでよいとの回答は二割に過ぎません。この六割の「不本意・派遣労働者」がますます増えることになります。「僕の人生はどうなるのか？ 不安でたまらない。正社員になりたいけれど、雇ってもらえる会社がない」と、私も知り合いの派遣労働者から相談を受けたことがあります。彼はさらに、「ずっと仕事があるかどうかわからないから、自分の人生の先も見えない。結婚もできない。三〇歳を過ぎて、ますます正社員になるのが難しくなってきた」と心配しています。もちろん、自らが派遣労働を望んでいる人は良いですが、彼のように正社員を望みながらも、派遣しか仕事がない労働者が、どんどん増えることは、社会の格差がどんどん拡大することを意味します。人間らしい雇用の在り方とは言えません。

結局、この改正法案は、通常国会では廃案となりましたが、秋の臨時国会に再提出される予定です。民主党政権で、労働者保護に改正された労働者派遣法でしたが、再び大幅に自由化が行われようとしています。この労働者派遣法は政権交代により労働法制がいかに変わるかを、如実に示しています。非正規労働者を減らそうとする民主党政権と、「多様な働き方」という美名のもと非正規労働者の増加を容認する自民党政権。労働法制の改正には、メリットとデメリットがコインの裏表のようにセットであり、厳しい経済状況の中企業も国際競争に打ち勝たねばならない以上一〇〇点満点の解答はありません。どちらの政権の考えにもメリットとデメリットはあると思いますが、「間接雇用でなく、直接雇用が原則」「常用代替禁止の原則（派遣労働はあくまでも臨時的、一時的であり、正社員の仕事を派遣労働に置き換えてはならない）」は、しっかり堅持しないと、先の見えない不安定な労働者がますます増えて、社会が不安定化します。

労働契約法の改正——有期雇用五年で無期雇用へ。雇用を安定化

五番目に行ったのが労働契約法の改正です。これは、一年契約ずつの細切れの雇用契約であれ、トータルで五年間、同じ会社に雇用された労働者は、それ以降、望めば無期雇用で雇ってもらう権利を有するという改正です。これは、有期雇用労働者の雇用の安定を目的とする改正です。

もちろん理想は、無期雇用（無期契約）への転換ではなく、正社員になることです。この改正は正社員への転換を義務付ける改正ではありませんが、いつ「雇い止め」つまり、契約終了になるかわからない有期労働者が、無期雇用になれるのは一歩前進です。この労働契約法の改正も、野党と粘り強く交渉を行い、二〇一二年に自民党、公明党の賛成も得てやっと成立しました（資料2-20）。

しかし、この労働契約法も労働者派遣法と同様に、自民党政権に戻った途端に、再び規制緩和する労働契約法改正法案が、二〇一四年の通常国会に提出されました（秋の臨時国会に継続審議になりました）。その内容は、「有期五年で無期雇用に転換できる権利を有する」という今の法律を、「有期一〇年で無期転換できる」

資料 2-20　労働契約法　有期雇用の処遇改善

労働契約法

有期雇用の処遇改善

改正案閣議決定　5年超で「無期」転換

政府は23日、パートや契約社員など働く期間が決まっている有期契約労働者が、同じ職場で5年を超えて働いた場合、本人の希望に応じて期間を限定しない雇用に転換できる、とする労働契約法改正案を閣議決定した。（社会面に関連記事）

労働者全体の2割以上を占める有期労働者の処遇改善と雇用安定化を図る。

改正案では、契約の更新が繰り返されているなど「雇用が継続されると期待することに合理性が認められる場合」は、不当な雇い止めを防ぐため雇用の打ち切りを制限することも明記した。

また、改正法施行の8年後に見直しをするとの項目も盛り込んだ。

出所：『毎日新聞』2012年 3 月23日（共同通信）。

ように延ばすものです。簡単に言えば、無期雇用になりにくくする改正です。この改正は、「高度人材、年収が高い（一〇〇〇万円以上）労働者などに限る」となっていますが、たとえば、博士の資格を持つ研究者も有期契約で、雇用が不安定だという問題があります。高度人材だからといって、一〇年経たないと無期雇用になれないというのはおかしな話です。この問題については、賛否両論があり、五年目以降は無期雇用で雇わねばならないことを嫌う経営者が、一部、四年で契約を終了するというケースが逆に出てきたのです。しかし、一方では法律通りに六年目以降、無期雇用になれる予定の労働者も多いわけで、この労働者にとっては、「せっかく六年目以降は、無期雇用になれると思っていたら、法改正により一〇年間有期で働かないと無期雇用になれない」という批判も出ています。一部の経営者が、法改正の趣旨に反して、四年で契約を終了させる事例があるからという理由で、大多数の有期雇用労働者の無期雇用への転換を遅らせるのは問題です。

この有期雇用から無期雇用への転換を誘導する労働契約法改正も、政権により、労働政策が大きく転換する事例です。

残念ながら、労働法制には一〇〇点満点の解決はありません。労働者のために良かれと思って行った改正により、経営者はその改正を逃れるために行動し、かえって一部の労働者が不利益を被る、というようなケースはよくあります。企業側にとって有期雇用は、景気の変動に応じて雇用を調整できる便利な労働力であることも事実です。しかし、だからと言って、労働法制を緩和しそれを放置していては、不安定雇用は急増し、個人や家族の人生の安定のみならず、社会の安定が脅かされます。

企業の主張、労働者の主張は当然異なります。比較的、自民党は経営者の意向を重視、民主党は労働者の意向を重視してきました。労働者と経営者のどちらか一方に偏り過ぎてもいけません。バランスよく両方の意向を調整しながら、労働者にとっても、企業にとっても、よい解決を探らねばなりません。

キーワードは、「長い目で見た持続可能性」です。短期的には、非正規労働者を増やし簡単に解雇できるようにする法改正が企業を応援するように見えるかもしれません。しかし、そんなことをすれば労働者の技能の向上も見込めず、企業への愛社精神は薄まり日本の企業の強さの根幹であった家族的な労使関係もなくなり、長い目で見れば、労働生産性も上がらないと思います。さらに、非正規雇用労働者が増えれば格差が拡大し、社会は不安定化します。雇用の安定なくしては消費も鈍り景気も回復しません。

以上、雇用調整助成金、労働者派遣法、労働契約法の改正のように、政治の力により雇用・労働政策は大きく変わります。

7　安倍政権の「残業代ゼロ」「解雇の金銭解決」「限定正社員」——政権交代で労働政策が一八〇度、真逆に

労働の規制緩和が成長戦略の目玉

話は飛びますが、二〇一四年安倍政権（第二次）では、成長戦略という美名のもと、大胆な雇用・労働政策の規制緩和が検討されています。先ほど述べた労働者派遣法や労働契約法のみならず、民主党政権から自民党政権に戻り、いかに根本的に雇用・労働政策が大転換したか、次に三つの事例を述べます。

民主党政権では、労働者の意向を重視した「雇用の安定」を目指す改革を行いましたが、自民党政権では経営者の意向を重視した規制緩和、つまり、「雇用の流動化」「多様な働き方」という名のもと、解雇しやすい改革、正社員を減らし、非正規雇用が増える改革、残業代を削減する改革、人件費を抑制する改革が一気に行われようとしています。

二〇一四年六月二四日に政府が発表した成長戦略（日本再興戦略）の目玉は、労働規制緩和です。「残業代ゼロ制度（ホワイトカラー・エグゼンプション、新しい労働時間制度）と、解雇の金銭解決制度の導入（透明で客観的な労働紛争解

ない改革です。

決システムの構築）、限定正社員の普及が三本柱でした。民主党政権ではあり得

残業代ゼロ制度（ホワイトカラー・エグゼンプション、新しい労働時間制度）

安倍総理は二〇一四年五月一日にイギリスのロンドン金融街（シティー）で講演し、「労働分野の働き方の改革を行う。改革のドリルは全速力で回転している」と述べました。二〇一四年六月に発表された経済再生のための成長戦略の目玉が、労働時間法制の緩和、残業代ゼロ制度（新しい労働時間制度）です。

これは、七年前の第一次安倍内閣でもホワイトカラー・エグゼンプションという名前で導入が検討されましたが、「残業代ゼロ制度」として世論やマスコミの反発を受け、断念したものです。

今回は、「新しい労働時間制度」（いわゆる「残業代ゼロ制度」）として、第二次安倍政権で再度、成長戦略の目玉として復活しました。労働基準法を改正する残業代ゼロ法案として二〇一五年の通常国会で審議される予定です。

成長戦略によれば、残業代ゼロ制度の対象は、「一定の年収要件（たとえば少なくとも年収一〇〇〇万円以上）を満たし、職務の範囲が明確で高度な職業能力を有する労働者」とされています。

この制度の対象になれば、残業代のみならず、休日手当がつきません。

今までは課長以上の管理職は、残業代がつきませんでした。しかし、この制度

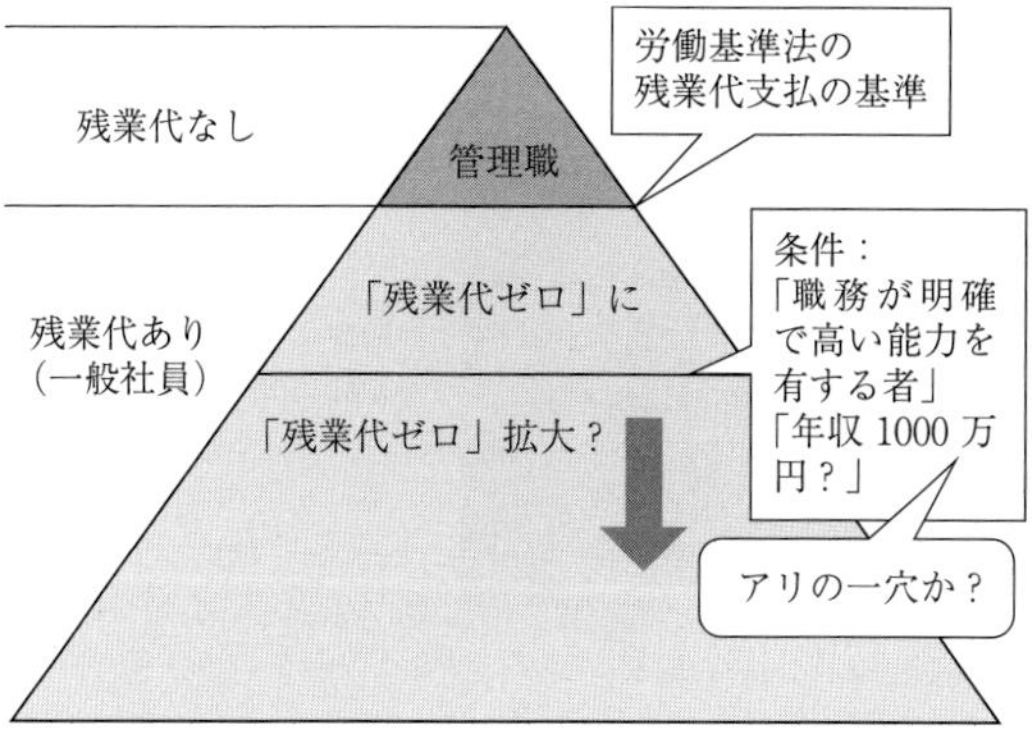

資料 2-21 「残業代ゼロ」の拡大？
▷管理職には残業代は出ないが、今回の残業代ゼロ制度は、管理職でない一部の一般社員も残業代をゼロにする制度。将来的に中所得者にも対象が拡大する危険性があります。
出所：山井和則事務所作成。

が導入されると管理職でない一般職でも幹部候補は、残業代、休日手当がゼロになります（資料2-21）。「労働時間でなく成果で評価する」という趣旨ですが、残業代や休日手当は、長時間労働や過労死を防ぐ目的なわけですから、残業代をゼロにすれば、現状でさえ深刻な問題である長時間労働やサービス残業、過労死が増えかねません。

この残業代ゼロ制度は、一部の経営者などが強く導入を主張していますが、「残業代を払わずにすめば、人件費が節約できる。今の働き方はダラダラと長時間で効率的でなく、生産性が低い」との思いが根底にあるのかもしれません。この制度の対象は、「希望する労働者」となっています。

しかし、労働者からは、「幹部候補として、残業代ゼロを上司から打診されたら、立場上、断れない。会社が求める成果を上げるために、今まで以上に長時間働かねばならなくなる」「残業代、休日手当なしになり、月給がその分、減るではないか」と、不安の声があがっています。

この制度の対象は、現時点では一〇〇〇万円以上という年収要件が入っています。しかし、安倍総理は、「年収要件は将来的には一〇〇〇万円から下がるのではないか？」という国会での私の質問に対し、「将来のことはわかりませんよ」と答弁。将来、年収要件が下がり、残業代ゼロの対象が中所得者に拡大することを否定しませんでした（写真2-5）。

経団連幹部は、「少なくとも全労働者の一〇％くらいを対象にすべき」と発言

写真 2-5
▷「残業代ゼロ制度の年収要件は、将来、800 万円、600 万円まで下がる可能性があるのか？」という私の質問に安倍総理は、「先のことはわかりませんよ」と、対象拡大に含みを残しました（2014 年 6 月 16 日）。

していますし、二〇〇五年に経団連は「年収四〇〇万円以上に適用を」と提言していました。全労働者は約五〇〇〇万人ですので、一〇％なら約五〇〇万人が対象になります。たとえ当初は年収要件が一〇〇〇万円以上で制度が導入されたとしても、近い将来、年収六〇〇万円以上や四〇〇万円以上に拡大される危険性は否定できません。

実際、二〇〇二年に有料職業紹介事業で規制緩和が行われ、年収一二〇〇万円以上の経営管理者などに限り、事業者が紹介手数料を請求できるようになりましたが、翌年二〇〇三年には基準が大幅に下げられて、対象が広がり、七〇〇万円以上に手数料を請求できるように大幅に年収要件が下がりました（施行は二〇〇四年）。

つまり、残業代ゼロ法案を一度、成立させれば、年収要件を翌年からでも簡単に引き下げ、対象を大幅に拡大できます。ですから残業代ゼロ法案は「アリの一穴（いっけつ）法案」です。一度、残業代ゼロ制度を導入したら、これが「アリの一穴」となり、なし崩し的に、残業代ゼロが中所得者にも広がるのです。労働者派遣法も最初は限定的に「例外」として導入されましたが、何度も緩和され、今回の労働者派遣法改正案は、専門二六業務の制限も撤廃され、「正社員の代替を派遣労働者にさせる」ことも可能となり、一生派遣で働く労働者を大幅に増やす内容です。

つまり、労働法制は、一度、緩和の風穴を開ければ、後はなし崩し的に広がっ

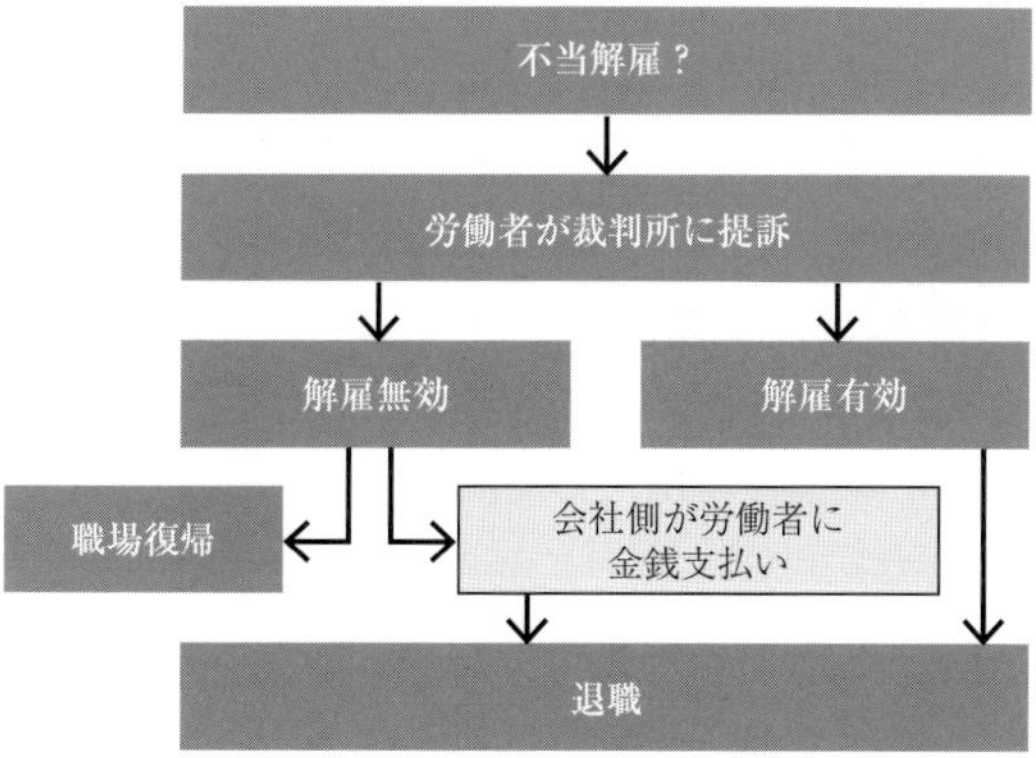

資料2-22　解雇の金銭解決
▷解雇の金銭解決では、不当解雇ということで労働者が裁判にたとえ勝訴しても、使用者が申し立てて、お金を払えば解雇が成立してしまう。
出所：山井和則事務所作成。

てしまうのです。

残業代ゼロの対象になる年収要件が一〇〇〇万円以上なら労働者の三・八％で、管理職を除けば一・二％に過ぎません。しかし、この年収要件を八〇〇万円、六〇〇万円、四〇〇万円と徐々に下げ、経団連が要望する「全労働者の一〇％」に広げれば、五〇〇万人くらいが対象になり、企業にとっては大きな人件費抑制策になり、確かに安倍総理の言う「成長戦略の目玉」になります。しかし、そのような成長戦略を本当に労働者は望んでいるでしょうか？

解雇の金銭解決制度の導入

次の成長戦略の目玉は、解雇の金銭解決制度の導入です。簡単に言えば、一定のお金を払えば解雇ができるようにするということです（資料2-22）。解雇を大幅に増やしかねず、労働者にとっては、非常に厳しい改革です。

これは、成長戦略の中では、「透明で客観的な労働紛争解決システムの構築」「判決による金銭救済ができる仕組み」と表現され、わざと「解雇の金銭解決」という言葉を隠しています。

一方的に解雇された場合に、それを「不当解雇」（違法解雇）だと労働者が使用者（事業主）を訴えて、訴訟で勝訴した場合、今までは労働者は元の仕事に復帰できました。しかし、解雇の金銭解決制度が導入されれば、労働者が勝訴した場合でも、使用者が一定のお金を支払えば、労働者を元の仕事に復帰させずに解雇することができます。この制度が導入されれば、たとえ裁判で勝っても労働者は元の仕事に戻れなくなり、使用者にとっては一定のお金を払えば結果的に解雇できることになります。

政府は、「金銭解決制度が、労働者の救済手段の多様化につながる」と主張していますが、「不当解雇の判決が出た場合でも、金銭支払いにより解雇できるようにする『解雇の金銭解決』を使用者側が申し立てをできるのか？」という国会での私の質問に対して、成長戦略を所管する内閣官房担当者は、「使用者申し立て、労働者申し立てのどちらを認めるかは、これから検討します」と答弁。解雇の金銭解決の「使用者申し立て」の導入を否定しませんでした（二〇一四年六月六日、衆議院厚生労働委員会）。

つまり、労働者が「不当解雇」だと訴訟をして、勝訴しても、使用者が金銭解決を申し立てれば、元の仕事には戻れなくなります。これでは、「労働者の救済手段の多様化」にはなりません。

経営再建のため、国際競争に勝ち抜くため、簡単に解雇したい、というのが一部の使用者の気持ちかもしれません。しかし、お金を払えば自由に解雇できる、と事実上なりかねない解雇の金銭解決は大問題です。

この解雇の金銭解決が成長戦略の目玉であることは、理解に苦しみます。

限定正社員の普及

限定正社員は、表向きは、「勤務地や職種が限定され、転勤がない社員」です。しかし、逆に言えば、いま勤務している工場や営業所などがなくなれば、転勤もない代わりに、従来の正社員に比べて、解雇される可能性が大です。

企業からすれば、工場や営業所、支店を閉鎖する時には、解雇しやすいのです。家庭の事情で転勤できない労働者にとっては、よい制度かもしれません。しかし、一家の大黒柱で「転勤があってでも、仕事は失いたくない。雇用は維持してほしい」という労働者にとっては、限定正社員は不安な制度です。

なぜならば、住宅ローンや子どもの進学費用を考えた場合、突然、勤務している工場や営業所が閉鎖されて解雇されれば、三〇代や四〇代、五〇代で、同じくらいの給料の正社員の仕事が見つかるとは限らないからです。

従来の正社員と比べて、限定正社員は賃金が低い上に、大きく「雇用の安定性」が違います。労働契約法一六条は、最高裁判所判決で確立している「解雇は、客観的に合理的な理由を欠き、社会通念上相当であると認められない場合は、その権利の濫用として、無効とする」という解雇濫用法理を明らかにしたものです。従来の正社員は、解雇整理の四要件（①人員整理の必要性。②解雇回避努力義務の履行。③非解雇者選定の合理性。④手続きの妥当性）の濫用防止規定により、客観的、合理的な理由、相当の理由がない限り解雇されないと保障されています。しかし、限定正社員は、「名ばかり無期雇用」で、勤務している工場や営業所が閉鎖されれば解雇される可能性が高い、事実上の「有期雇用」になりかねません。

パートや一年契約などの短期契約の労働者が限定正社員になることは、雇用の安定化と待遇改善になります。しかし中途半端に限定正社員という制度が普及することにより、従来の「無期雇用」の正社員になりにくくなれば、雇用不安は高まります。

勤務する工場や営業所がなくなれば解雇されかねない限定正社員よりも、無期雇用である従来の正社員を願う労働者が最近、増えています。

安倍政権は限定正社員を成長戦略として強く推進し、「限定正社員の雇用保障は、普通の正社員よりも限定される（解雇しやすい）、と法律にはっきり書くべきだ」との考えです。しかし、解雇しやすい「名ばかり正社員」の普及は、雇用不安を高めます。安倍政権は、限定正社員の普及により、「正社員でも簡単に解雇できる」というムードを醸成しようとしているのかもしれません。これからは、「正社員募集」という求人やチラシを見たら、それが従来の正社員なのか、限定正社員なのかを確認する必要があります。

ただし、多様な働き方があってよいので、労使が円満に合意して、限定正社員を増やすことは問題ありません。しかし、限定正社員は、今まで正社員であった労働者が「来年から限定正社員になってくれ」と事業主から言われ、不本意に解雇しやすくされる、というように悪用される危険性があります。政府が限定正社員の普及を成長戦略として力を入れるのは問題です。

政権交代により労働政策は一八〇度、転換

　ここまでで述べた「残業代ゼロ制度」「解雇の金銭解決」「限定正社員」という労働者の人生を大きく左右する改革を議論する産業競争力会議には、経営者は多く参加しています。しかし、労働者の代表は一人も参加していません。

　主人公である労働者の声を全く聞かずに、経営者だけの意見を聞いて、労働政策についての大改革を断行するのは問題です。経営者にも労働者にも、それぞれの主張に一理はあります。最終的には、何らかの判断をせねばならないでしょう。しかし、最初から全く労働者の主張を聞かず、労働者の不利になる改革を成長戦略の目玉に入れるのは問題です。

　安倍総理は、「日本を企業が世界一活動しやすい国にする」と訴えています。しかし、労働者あっての企業です。働く者が幸せでないと社会は成り立たず、消費も拡大せず、日本の国も成長しません。もう少しバランスよく経営者と労働者の双方の声を聞いた上で、労働政策の改革は行うべきです。

　以上、述べた安倍政権の労働制度改革は民主党政権での改革とは、一八〇度、方向が異なります。つまり、自民党政権から民主党政権へ、そして再び自民党政権へ、という変化を見てみると、医療・年金・介護・子育て政策以上に、雇用・労働政策は政権交代により、経営者重視か労働者重視かで一八〇度、方向が大転換することがわかります。年金・医療・介護・子育て政策は、多くの財源が必要であるので、大幅な充実も難しく、かつ、給付を急にカットすることも、国民の

反発があり、困難です。しかし、雇用・労働政策は、必ずしも国の予算や財源にすぐにつながる話でないので、政権の判断により大転換が容易です。

雇用・労働政策は、政権交代の影響を大きく受けるのです。

8 財源確保の戦い――ムダや天下りのカット

以上、述べてきた事例は、ほとんどが財務省と交渉して、予算を増やした事例でした。しかし、予算を増やすだけでなく、一方では、財源を確保するためのムダな予算をカットする苦しい作業も行いました。新しく増やした予算の多くは、今後毎年予算がかかる「恒久財源」を必要とするものでした。そのような永続的な「恒久財源」を確保することは困難でしたが、必死にムダのカットや財源確保に取り組みました。藤井財務大臣からも「予算を増やすだけでなく、ムダを削る努力をしてくれ」と、強く言われていました。

そのため、長妻大臣や私は、一〇月以降、連日連夜遅くまで、政府の事業仕分けのみならず、厚労省独自のムダ削減に取り組みました。「ムダはカットせよ」「財務省と交渉して予算は獲得せよ」「消えた年金の救済はもっとスピードアップせよ」など、厳しい指示が長妻大臣から官僚におりました。「厚労相　二兆円削

資料2-23　事業仕分けでの削減額について報じる記事

出所：『日本経済新聞』2009年12月12日。

仕分け関連で1141億円を削減

厚労相表明

長妻昭厚生労働相は11日、「事業仕分け」を受けた見直しにより、2010年度予算の概算要求を1141億円削減すると表明した。ただ財務省が同日求めた厚労省分の削減額（1906億円）には遠く、一段の削減を求められそうだ。

事業仕分けの判定を踏まえた省内の予算見直し作業の結果、仕分け対象事業で1110億円を削減。判定方針を他の類似事業に当てはめた見直しでも31億円を削減する。このほかに特別会計で40億円を削減し、基金は3152億円を国庫に返納するとしている。

減指示　概算要求　公益法人支出など」とも報道されました（『毎日新聞』二〇〇九年一〇月二五日）。

天下り団体補助「一〇一三億円削減」、事業仕分けで「一一四一億円削減」

特に、長妻大臣の指示のもと、厚労省内の事業のムダのカット、洗い直しを政務官の私が責任者となってすることになりました。就任して一か月も経っていないのに、予算をどんどんカットしていくのですから、官僚から嫌われるつらい作業でした。厚労省のすべての部署に、カットできる予算を提案してもらい、相談しながらカットする予算を決めました。連日連夜遅くまで、予算を削るつらい作業を多くの担当者と行いましたが、担当者もみんな協力的でありがたく感じました。

ちなみに、「厚生労働大臣室が率先して予算をカットする。削れそうな予算を持ってきてください」と長妻大臣が指示をしたところ、早速担当者が「大臣交際費一〇〇万円のカット」を提案してきました。もちろん長妻大臣は即了解。今までは海外などからの来客へのおみやげ代を大臣交際費から出していたようですが、長妻大臣は一年間、大臣交際費なしで、必要な場合は自腹で対応しました。

結局は、事業仕分け関連で厚労省として一一四一億円を削減し、天下り団体への補助も一〇一三億円削減しました（資料2-23、2-24）。二〇〇九年末までの三か月では、合計一兆二七〇〇億円の削減（一般会計八五一〇億円、特別会計一〇四〇億円、基金国庫返納三一五〇億円）を行いました。削減した予算については、関係者や地方自治体から苦情が来て、私もお詫びに行き、怒鳴られたこともありました。しかし、新たな予算を獲得する以上、避けては通れない作業でした。

私が厚労省から宿舎に帰るのは、連日、晩遅くになりました。担当者からの予算カットの相談もあれば、逆に、事業仕分けでカットされては困る必要な予算をどう死守するかという相談もありました。さらに、財務省に対する予算獲得の作戦会議もありました。「財務省から大幅な減額を求められました」「財務省はゼロ回答です」などと次々と厳しい報告が政務官室には届きました。官僚からすれば、私は予算カットの嫌な存在であり、一方では、応援団という存在でもあったと思います。

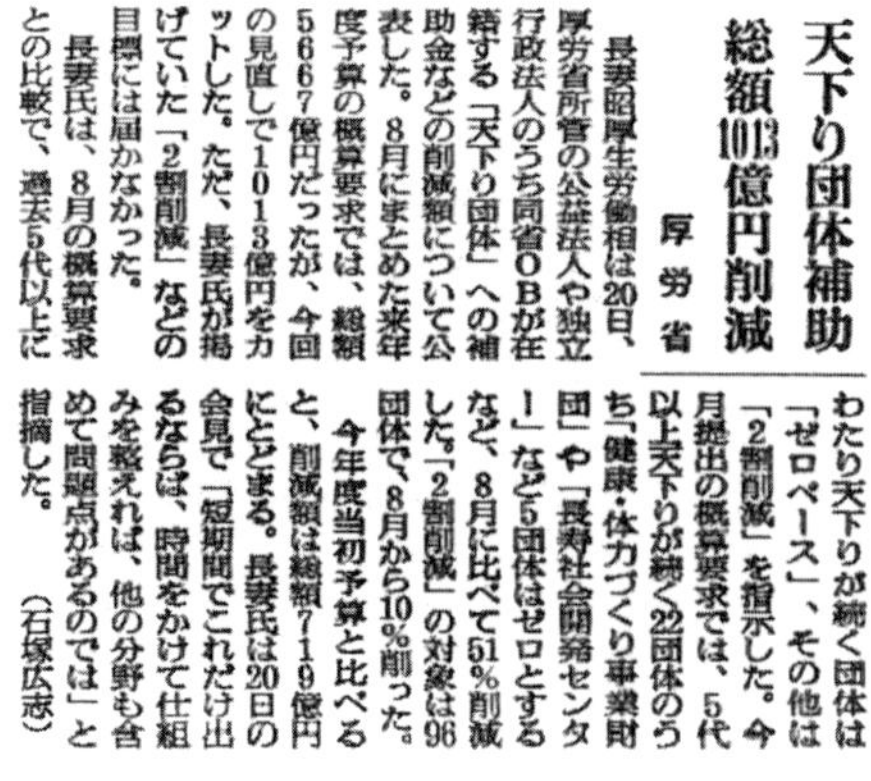
天下り団体補助
総額1013億円削減
厚労省

長妻昭厚生労働相は20日、厚労省所管の公益法人や独立行政法人のうち同省OBが在籍する「天下り団体」への補助金などの削減額について公表した。8月にまとめた来年度予算の概算要求では、総額5667億円だったが、今回の見直しで1013億円をカットした。ただ、長妻氏が掲げていた「2割削減」などの目標には届かなかった。

長妻氏は、8月の概算要求との比較で、過去5代以上にわたり天下りが続く団体は「ゼロベース」、その他は「2割削減」を指示した。今月提出の概算要求では、5代以上天下りが続く22団体のうち「健康・体力づくり事業財団」や「長寿社会開発センター」など5団体はゼロとするなど、8月に比べて51％削減した。「2割削減」の対象は96団体で、8月から10％削った。

今年度当初予算と比べると、削減額は総額719億円にとどまる。長妻氏は20日の会見で「短期間でこれだけ出るならば、時間をかけて仕組みを整えれば、他の分野も含めて問題点があるのでは」と指摘した。（石塚広志）

資料2-24　天下り団体への補助金削減を報じる記事
出所：『朝日新聞』2009年10月21日。

そんな中、私が最もお世話になったのが、政務官室の秘書官のスタッフでした。政務官室の横の部屋には三人のスタッフがはりつき、政務官をサポートしてくれます。しかし、連日の激務で、体調を壊すスタッフも出ました。政務官に就任して三週間くらいの時、気がつけば、政務官室に机が一つ増やされ、スタッフが緊急で一人増員になり、以後、四人体制になりました。こんなことは前代未聞のことだそうです。ちなみに、「政権交代前の政務官と何が違いますか？」と聞いたところ、「以前の政務官は、週二、三回しか政務官室に来なかった」「とにかく、政務三役が厚労省にいるようになった」というのです。政務官のみならず、大臣も必ずしも毎日、厚労省に来ていなかったそうです。それが、毎日厚労省に来るだけでなく、朝から晩まで新たな予算獲得や、ムダのカットの指示をするわけでですから、官僚のみんなもビックリするわけです。

さらに、「国会答弁は、官僚ではなく、大臣、副大臣、政務官が行うことになった。国会審議に縛られずに、厚労省内での政策論議に時間とエネルギーを割けるようになった」という声も官僚からありました。また、民主党の厚生労働部門会議での議員への法案説明や説得は、官僚ではなく、政務三役が主に行いました。これも官僚からは、「党の会議で、予算の個所付けなどで与党議員から怒鳴られることが減った。与党の族議員の根回しに回る時間が減った」と好評でした。

このように、以前は政務官はそれほど忙しくはありませんでしたが、政権交代後は政務官の仕事が急増しました。それまで既存方針通り、厚労省の官僚と政務官は、共同作業をしていればよい案件が多かったのです。しかし、私は政務官として、マニフェストを実現せねばならない、財務省が反対する新たな予算獲得をせねばならない、大幅なムダのカットもせねばならない、という役割でした。

厚労省の官僚と緊張関係を持ちながらも、長妻大臣にも私にも信念がありました。長妻大臣は、「子ども手当をはじめ、すべての役所の中で一番予算が増えるのは厚労省です。だからこそ、厚労省はすべての役所の中で、最もムダをカットし、天下りも減らさねばなりません」と、官僚に発破をかけました。

長妻大臣や私は、財務省からは「予算を増やせとばかり言ってくる」と批判され、厚労省内部からは「ムダや天下りを減らせと厳しいことばかり言う。今までの大臣や政務官はもっとやさしく厚労省の役人を守ってくれた。なぜ、自分たちを守ってくれるはずの政務三役から厳しく言われねばならないのか?」と、一部から批判されました。そのような批判に対し、長妻大臣は、「私は厚生労働省の官僚の皆さんの代表ではない。私は国民の代表として、約束したマニフェストを実現し、ムダや天下りをカットするために厚生労働省に送り込まれてきたのです」と言いました。

せっかく政務三役になった以上、誰しも厚労省の役人と仲良くしたいと思います。しかし、マニフェストの実現を断念することはできません。財務省との予算獲得を断念することはできません。ムダや天下りのカットも断念はできませんでした。

何よりも、財務省と激しい予算獲得の交渉をしている以上、全力でその財源を確保するために、ムダをカットするのは当然の義務です。ただ予算を増やせとだけ主張することはできません。

私も官僚のみんなに、「ムダをカットするのはつらいですが、すべての役所の中で、一番予算が増えるのが厚生労働省なのですから、歯を食いしばって頑張りましょう!」と言いました。

天下り六割減少——天下り斡旋はゼロに

また何より苦しんだのが、天下りのカットです。すべての大臣の中で、一番、

資料2-25　天下り6割減少
▷天下りをなくす厚い壁を実感しました。
出所：『毎日新聞』2012年6月8日。

天下り6割減少

国家公務員　政権交代前に比べ

10年度

国家公務員の管理職以上の天下りは10年度に462人で、政権交代前の08年度（1236人）の約4割に減少していたことが7日、総務省の調査で分かった。鳩山政権が09年に閣議決定した天下りのあっせん禁止、独立行政法人役員への公募制導入が一定の効果を上げた形だ。

総務省が民主党行政改革調査会（中野寛成会長）に調査結果を示した。国家公務員法は退職後2年以内に再就職した場合、就職先を届け出ることを規定。届け出件数から天下りを抽出したところ、06～08年度は1200人前後で推移し、9月に政権交代した09年度は1130人だったが、10年度は大きく減った。

08年度と10年度の天下りを比べると、独法が94人から20人に、公益法人も493人が95人にそれぞれ減少。一方、慣例による天下りが多いとされる営利法人では181人から152人と、減少幅が小さかった。【小山由宇】

天下りを厳しくカットしたのが、長妻大臣でした。前述のように、厚労省の天下り団体への補助を一〇一三億円削減（二〇一〇年度）し、厚労省OBが多かった厚労省管轄の公益法人の役員や非役員も公募を要請しました。ムダな予算をカットする以上に、猛烈な官僚の反発に会いました。以前は、天下りが自動的にできた幹部が、政権交代後は、天下り先がないのです。「大学生の子どももいるのに、人生設計が狂う。幹部が天下りもできない姿を見れば、若い官僚が将来を悲観し、士気が低下する。なぜ厚労省が一番、厳しく天下りをなくすのか？」など、厳しい批判が、厚労省内から出ました。しかし、「天下りをゼロにする」とマニフェストに書いた以上、国民との約束を破るわけにはいきません。天下り先が斡旋されず、退任していく幹部に、「申し訳ありません」と、深々と頭を下げたこともありました。

その結果、マスコミからは長妻大臣や私は、「厚労省の官僚から信頼されていない」と批判されたこともありました。しかし、心を鬼にして、ムダと天下りのカットに取り組みました。その結果、厚労省は天下りが最も少なくなりました。もちろん、天下り斡旋はゼロです。ただ、ご自身で再就職先を見つけられたケースはありました。

ちなみに、政府全体では、一二三六人から四六二人の六割減でした。マニフェスト通り、天下り斡旋はゼロになりました（資料2-25）。

マニフェストで約束した母子加算の復活、障害者サービス無料化、父子家庭の

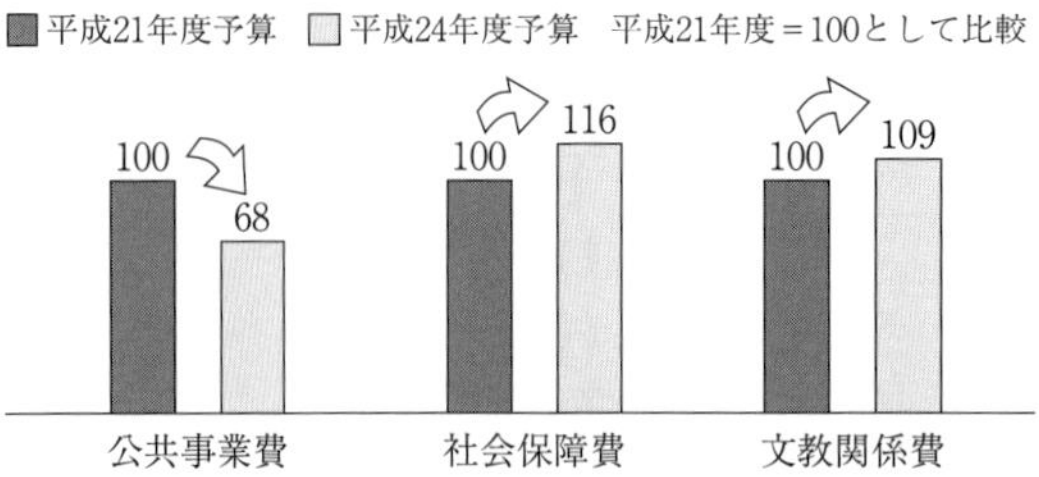

資料2-26　公共事業から社会保障、教育へ

▷社会保障増加、公共事業カット。政権交代により社会保障予算は16%アップし、公共事業費は32%ダウン、文教関係費は9%アップしました。

出所：政府資料。

児童扶養手当の創設、診療報酬の引き上げなどの予算獲得には、大げさかもしれませんが、私は政治生命を賭けて取り組みました。一方、厚労省の官僚に嫌われながらも、優先順位の低い予算はカットをしました。もちろん、今回、私たちが厚労省で行ったムダや予算のカットは一年限りのものや資産の売却や基金の返却などで、恒久財源ではありませんでした。ですから、年末までに夏の概算要求時点より一兆二七〇〇億円の予算の削減を行ったことと、新たな恒久的な予算の確保は、必ずしも直接関係する話ではありません。しかし、多くのムダや予算のカットをせずには、新しい予算は獲得できなかったと思います。

9　史上最大、社会保障予算が一六%増――公共事業費は三二%カット「コンクリートへの投資から人への投資へ」

以上、ムダや天下りのカットの取り組みを述べましたが、一方では、子どもの貧困、障害者福祉、医療、年金、介護などの予算を増やしました。さらに、高校授業料無償化の導入や、失業者への職業訓練制度の求職者支援法の制定、雇用保険への短期労働者二五五万人の新たな加入、労働者派遣法の労働者保護に関する改正（日雇い派遣の原則禁止）など、教育施策の充実、雇用のセーフティネット、

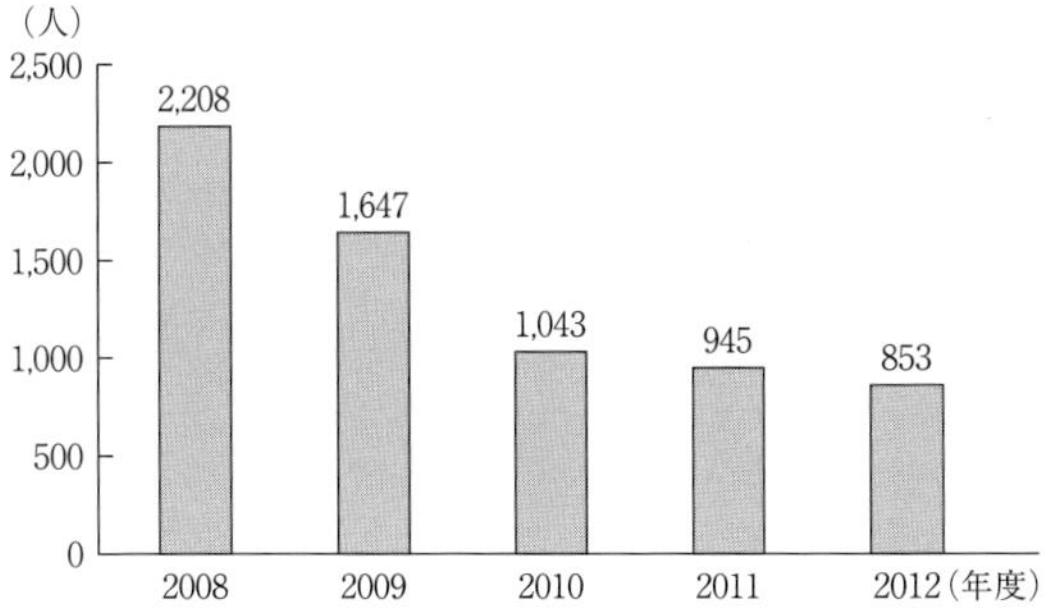

資料2-27　経済的理由による高校中途退学者の推移（国公立と私立の合計）

▷政権交代後、経済的理由による高校中退率は半数以下に減りました。高校授業料無償化や、福祉資金貸付・子ども手当などによる子育て世帯への支援の成果だと思います。

出所：文部科学省「児童生徒の問題行動等生徒指導上の諸問題に関する調査」より山井和則事務所作成。

失業者対策にも力を入れました。

政権交代の前後（二〇〇九年九月と二〇一二年九月）を比べると、社会保障費は一六％アップ、文教関係予算は九％アップ。一方、三二％公共事業費をカットしました（資料2-26）。政権交代とは、予算の使い道を変えることです。特に、児童手当は控除廃止を差し引いても、政権交代により中学三年生までの拡大などで年一兆円だったものが、一兆二〇〇〇億円に増えました。また、高校授業料無償化に年四〇〇〇億円の予算をつぎ込みました。

「バラマキ」との批判も受けましたが、近年、デフレで賃金が下がる中、子ども手当（児童手当の拡充）や高校授業料無償化により、子育て世帯の暮らしは、非常に助かったと思います。子育て世帯への経済的支援を拡充するという政策の方向性は決して間違っていませんでした。

ここ数年、高校中退者も減りました。先に述べたように、滞納した授業料の支払いに活用できる生活福祉資金貸付を創設した効果もあり、「経済的理由による高校の中退者数」は、二〇〇八年度の二二〇八人から二〇〇九年度には一六四七人に減りました。

さらに、二〇一〇年度には一〇四三人、二〇一一年度には九四五人、二〇一二年度には八五三人に減りました。二〇一〇年度以降の減少は、生活福祉資金貸付に加えて、高校授業料無償化（就学支援金）や子ども手当により、子育て家庭への支援が強化されたからです（資料2-27）。

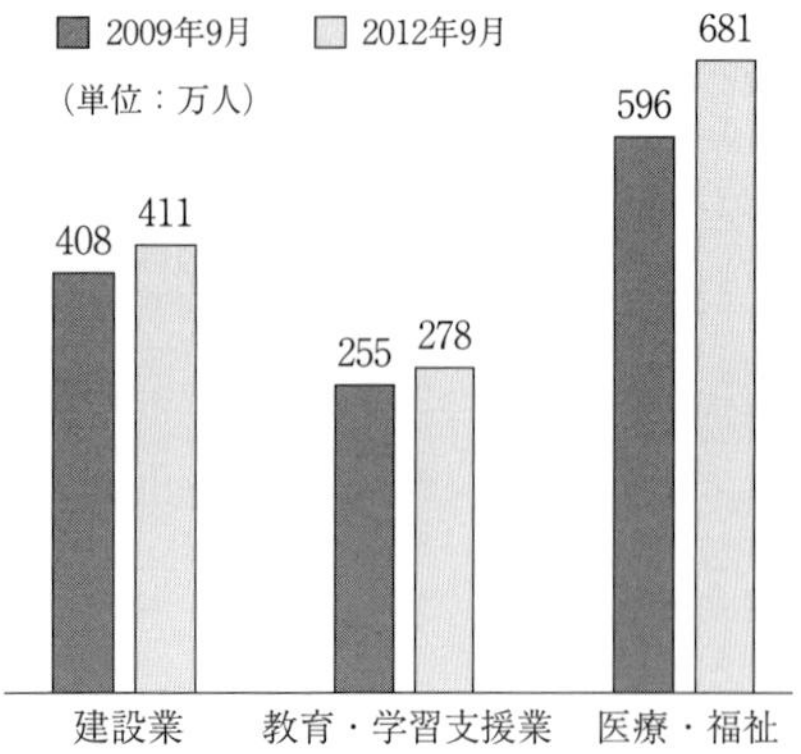

資料 2-28　雇用への影響

▷政権交代で新たな雇用創出。教育関連・福祉関係は増加。建設業の雇用も408万人から411万人に微増。その理由は、公共事業の予算は減らしたものの、様々な規制緩和などにより、サービス付き高齢者住宅の推進を含め、民間の住宅への投資が大幅に増えたからです。

出所：総務省「労働力調査」より山井和則事務所作成。

なお、雇用を見てみても、政権交代の前後（二〇〇九年九月と二〇一二年九月）を比較すると、建設業は、四〇八万人から四一一万人に微増、教育・学習支援関係は二五五万人から二七八万人に増加、医療・福祉は五九六万人から六八一万人へと八五万人もの大幅増でした。

雇用創出効果も、公共事業より医療・福祉のほうが高いですし、地方においても高齢化が進み、工場誘致が難しく、医療・福祉が貴重な雇用の場となっています（資料2-28）。

10　自殺に追い込まれる人を減らす

政治で救える命がある

まず、少し長いですが、二〇一〇年二月一日の長妻大臣の所信表明演説の自殺対策の部分を紹介します。

「現在、自殺者数は一二年連続で三万人を超え、毎日約九〇人の方が自殺しています。日本は先進七か国では唯一、一五歳から三四歳までの若者の死因のトップが自殺となっており深刻な状況です。人口当たりの自殺率も先進七か国中、最悪で、イギリス、イタリアの三倍、アメリカ、カナダの二倍となっています。

写真 2-6
▷政治の究極の目的は「命を守る」ことです。長妻大臣をトップとして、「自殺、うつ対策プロジェクトチーム」を立ち上げました。自殺に追い込まれる人を減らすことを政権交代後の最大の目標の一つとし、最優先課題として取り組みました（2009 年 10 月）。

自殺対策に取り組むＮＰＯ法人ライフリンクの報告書にはこうあります。自殺は、人の命に関わる極めて『個人的な問題』である。しかし同時に自殺は『社会的な問題』であり、『社会構造的な問題』でもある。

より実効性の高い今後の自殺対策のため、『自殺・うつ病等対策プロジェクトチーム』を設置しました。自殺を食い止める人材の育成や訪問支援など、地域や職場等における自殺対策の一層の推進に努めてまいります」。

歴代の厚生労働大臣の中で、所信表明演説で、これだけきっちりと正式に自殺者を減らす不退転の決意を表明したのは、長妻大臣が史上初めてです。長妻大臣は、「自殺やうつ病による社会の経済損失が二・七兆円にのぼる」という調査結果も初めて公表し、「自殺・うつ病等対策プロジェクトチーム」を設置し、自殺者を減らすことを、最優先課題の一つとして取り組みました（写真2-6）。

政府に自殺対策タスクフォースが設置され、自殺対策のＮＰＯ法人「ライフリンク」の清水康之さんが、内閣府参与として取り組みをリードされました。自殺者は、二〇〇九年は年三万二八四五人でしたが、政権交代後三年間、大幅に減り、二〇一二年には二〇〇九年に比べて年に約五〇〇〇人も自殺者が減り、一五年ぶりに自殺者は年三万人を下回り、二万七八五八人に減りました（資料2-29）。

自殺は、失業、倒産、病気、離婚、借金、多重債務など、三つ、四つの苦難が重なり、もたらされると言われます。自殺者が減った理由について厳密に因果関係を解明することは困難です。ここ数年の自殺者の減少については、自殺対策を

資料 2-29　自殺者数の推移

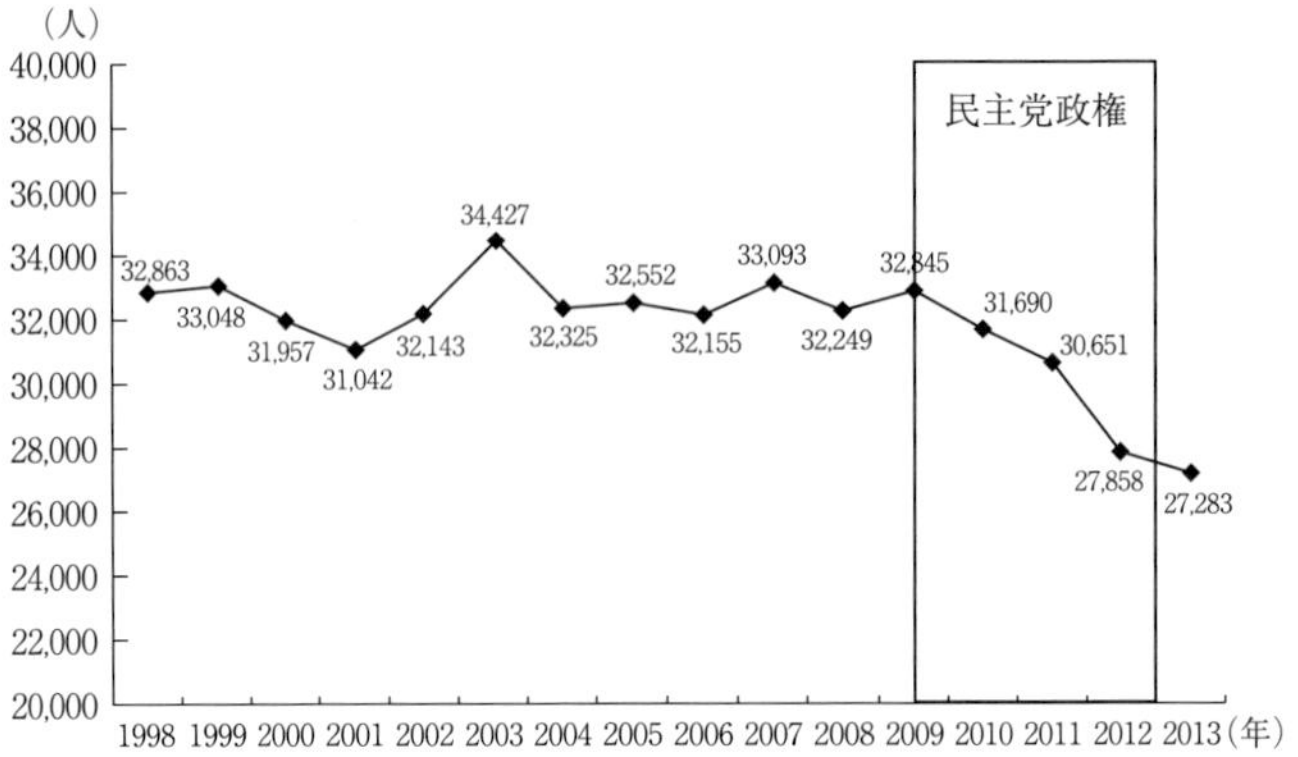

▷政権交代以降、３年連続自殺者は減少。2012 年には、15 年ぶりに年３万人を下回りました。自殺者ゼロを目指して取り組みを強化せねばなりません。安倍政権になってからも自殺者は減り続け、2013 年には 27,283 人に 575 人減り、2014 年７月までに前年より 12%減りました。

出所：警察庁資料より山井和則事務所作成。

所管する内閣府の見解は、「自殺者の減少は景気回復が原因」としています。清水康之さんは、「全国的な自殺対策の底上げによって、ようやく必要な人に生きる支援が少しずつ届くようになってきた。自殺対策基本法に基づく取り組みが非常に有効だった」と分析しています。

二〇〇六年に故・山本孝史参議院議員が中心になって自殺対策基本法が制定され、二〇〇七年に自殺総合対策大綱が閣議決定され、二〇〇九年度に一〇〇億円の地域自殺対策緊急強化基金が創設され、全都道府県に配分されました。さらに、二〇一一年度に三七億円、二〇一二年度に三〇億円、基金を上積みし自殺対策に力を入れました。史上初めて各自治体ごとの自殺の原因や職業別等のデータを集計・公表しその傾向に応じた対応をしました。たとえば、東京のある区では、若い女性の自殺が多いとか、東北のある市では、中高年の経営者の自殺が多いとか、傾向がわかれば、そこに重点を置いて対策も効果的に進めやすくなります。焦点を絞らない自殺対策は散漫になり、効果が薄いのです。また、全国のハローワークでの生活アドバイザーによる心の相談や中小企業経営者、多重債務向けの相談窓口の強化も行いました。

また、民主党政権において、二〇〇九年一二月に金融円滑化法が施行され、中小企業の倒産が減ったことや二〇一〇年に多重債務問題に対する改正貸金業法が完全施行されたことも効果的だったと思われます。

さらに、先ほど述べたように政権交代により予算配分を変え、二〇〇九年度に比べて二〇一二年度には、社会保障費を一六％、文教関係費を九％、「人への投資」を増やしました。雇用、医療、年金、介護、貧困、雇用、教育、失業対策、うつ病対策などをトータルで充実させたことも自殺者減少の一つの理由だと思います。（資料2-29）。

しかし、自殺者が減ったとは言え、数多くの方が毎年、自殺に追い込まれているという非常事態は今なお続いています。自殺に追い込まれる人を一人でも減らすように、ますます取り組みを強めねばなりません。

年越し派遣村に込めた思い

二〇一〇年度の予算編成が一二月二三日に決着した後、二〇〇九年一二月二八日から二〇一〇年一月三日までは、東京都と協力し、公設の年越し派遣村を開きました。約八〇〇人以上の生活困窮者が年末年始をここで過ごしました。この取り組みも内閣府参与（当時）で社会活動家の湯浅誠さん（現在は法政大学教授）のアドバイスを受けながら、厚労省に貧困・生活困窮者支援チームを立ち上げ、「年末年始に路上で凍えて亡くなる人を一人も出さないために！」という願いを込めて準備をしたものです。元旦から鳩山総理、長妻大臣と共に私も派遣村に行き、年末年始に住む家のない派遣切りなどにあった若者の生の声を聞き、対策を練りました。

この年越し派遣村には、「民間任せにせず、年末年始に行政が臨時宿泊所や総合相談窓口を開くことに意味がある」との思いで取り組みました。清水康之さんは、「年末年始は、一般の人々は家族そろっての一家だんらんで、一年で一番幸せなくつろげる時期かもしれない。しかし、日雇い労働者や生活困窮者にとっては、年末年始は仕事もなく、最も孤独に苦しみ、生きる希望を失う時期。そういう方々に対して行政が年末年始に支援を呼びかけるその姿勢こそが、生きる希望を失っている方々に、生きる希望を持ってもらえる可能性がある」と話されました。

この時も、「命を守るため」「自殺に追い込まれる人を出さないため」に、できることはすべて行いました。

第3章　変えられなかったこと

1　十分に実現できなかったこと――子ども手当、「後期高齢者医療制度」廃止、年金の抜本改革　ねじれ国会と財源の壁

以上、実現できたことを中心に書きましたが、できなかったことも多いのです。まず、子ども手当は先ほど述べたように、最大の理由は、月二万六〇〇〇円の満額支給の財源のメドが立たなかったためです。財源確保の見通しが甘かったと言わざるを得ません。猛省せねばなりません。さらに、二〇一〇年の参議院選挙で敗北し参議院で過半数を割ってしまい「ねじれ国会」になってしまったので、民主党マニフェスト通りの「子ども手当法案」では野党の賛成が得られず、成立させることができなくなりました（資料3-1）。

民主党の主なマニフェスト政策については、野党の賛同が得られず、次に述べる「後期高齢者医療制度の廃止法案」や年金改革法案は成立させることができなくなりました。

ただ、第1章の6節でも述べたように、「古い児童手当」に比べて、「子ども手当」を経た「新しい児童手当」は、中学三年までの支給拡大など、少しだけ充実させることができました。

後期高齢者医療制度――七五歳以上の人間ドック補助は復活、診療報酬も引き上げ

次に、後期高齢者医療制度については、二〇一二年一二月に、都道府県が保険者になり、七五歳の区切りをなくす「後期高齢者医療制度の廃止法案」をまとめ、将来的な法案提出を目指しました。しかし、財政負担が増えかねないことや新しい制度への移行の事務負担を心配し、知事会が強固に反対しました。

それ以上に、自民党は自分たちが導入した後期高齢者医療制度を廃止することに大反対でした。そのため、民主党が参議院選挙に負け、国会がねじれてからは、自民党が賛成しない「後期高齢者医療制度の廃止法案」は、成立させることがで

資料 3-1　子ども手当、来年度廃止

子ども手当 来年度廃止

民自公合意 児童手当が復活

民主、自民、公明3党は3日夜、都内で政調会長会談を開き、来年度から子ども手当を廃止し、児童手当を復活させることで合意した。来年6月から世帯主の税引き前年収960万円程度の所得制限を設け、子ども手当の支給がなくなる世帯には還付などの緩和措置を検討する。10月から来年3月までは子ども手当制度を継続する。3党は4日に幹事長・政調会長会談で正式合意する。

所得制限960万円

子ども手当見直しは、菅直人首相が退陣案件の一つに挙げる赤字国債発行法案成立の前提ともなっている。民主党執行部は首相退陣の環境を整えるため、自公両党に大幅に譲歩した。ただ、自公両党は赤字国債法案の成立には、民主党の掲げるマニフェスト(政権公約)の見直しが必要だと主張しており、なお予断を許さない。

子ども手当は民主党の目玉政策で、同党政権の発足後、2010年度から導入した。自公政権時代の児童手当制度の財源に上乗せする形で、毎年度ごとに支給額を法律で定める仕組みになっている。

自公両党は現行の子ども手当制度の期限が切れる10月から児童手当法の改正での対応を要求、民主党は子ども手当法改正などでの対応を主張して対立していた。

3党合意案では今年度の10月から来年3月までについて「11年度の子ども手当に関する特別措置法案」を制定。法案の付則で「12年度の児童手当法改正を基本とする」と明記する。自公両党は今回の合意なら子ども手当の廃止と児童手当の復活が確約できたものと判断した。

焦点だった所得制限額については来年6月から適用する。制限水準は自公は3党実務者がまとめた「世帯主の税引き前年収1150万円以上」を引き下げるよう要求。民主党は受け入れ、960万円程度で決着した。

3党はこれまでの協議で現行の1万3千円の支給額について3歳未満と第3子以降(3歳~小学6年生)に1万5千円、3歳~中学生には1万円に変更することを申し合わせている。自公政権時代の児童手当に比べると、支給対象が中学生まで広がり、支給額は1・5~2倍に増える。

子ども手当見直しを巡る合意案(10月から適用)

3歳未満	1.5万円
3歳~小学6年生	1万円
中学生	1万円

(注)3歳~小学6年生の第3子以降は1万5千円

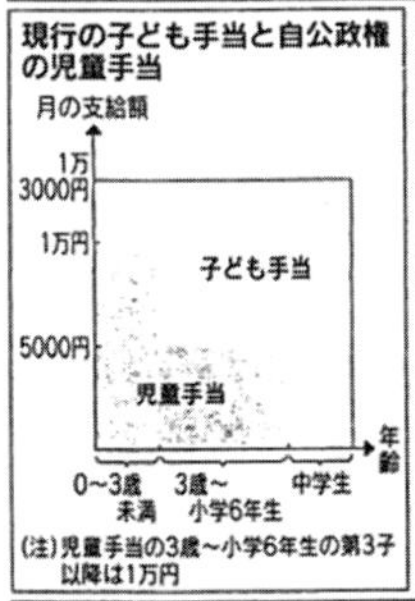

出所:『日本経済新聞』2011年8月4日。

資料3-2　後期高齢医療2015年廃止

後期高齢医療15年廃止

民主法案　自公反発　実現困難

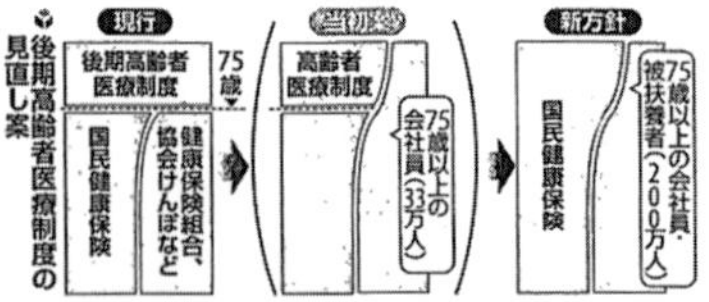

民主党は31日の厚生労働部門会議で、75歳以上を対象にした後期高齢者医療制度について、政権公約（マニフェスト）通り廃止を目指す「後期高齢者医療制度見直し法案」（仮称）を決定した。同日夕の政調役員会で正式決定する予定だ。

廃止の撤回を求める自民、公明両党に歩み寄る姿勢を示す野田首相に党が反発を示した格好で、社会保障・税一体改革を巡る今後の与野党協議にも影響を及ぼす可能性がある。民主党は政府に対し、今国会への法案提出を求める方針だ。

しかし、自公両党の反対で、法案成立の見通しはたっていない。

後期高齢者医療制度について、民主党は年齢による区分や「後期高齢者」という名称を批判し、09年衆院選の政権公約に制度の廃止を明記した。政府が2月に閣議決定した社会保障・税一体改革大綱では、廃止法案を今国会に提出するとしていた。

その後、自公両党が社会保障・税一体改革に協力する条件として廃止撤回を求めたため、民主党は厚生労働部門会議の幹部会で、制度を当面存続させる案を検討。野田首相も「どう現実的な対応をするか判断したい」などと廃止方針の撤回に含みを持たせていた。

しかし、首相の柔軟姿勢に対し、厚労部門会議では「政権公約を守るべきだ」と反発が強まり、改めて制度の廃止方針を明確にした。

31日に決定した法案は、厚労省の有識者会議「高齢者医療制度改革会議」が10年にまとめた最終報告に沿ったものだ。後期高齢者医療制度を2015年3月に廃止し、75歳以上の高齢者1400万人のうち、会社員とその被扶養者である200万人は、勤務先の健康保険組合など被用者保険に移る。残る1200万人は国民健康保険（国保）に加入する。国保は現在は市町村が運営するが、75歳以上の財政運営は都道府県が行う仕組みとする。20年度には年齢区分を全廃し、国保はすべて都道府県単位で運営する。

出所：『読売新聞』2012年５月31日。

きなくなりました（資料3‐2）。

しかし、今でも「後期高齢者」という名前はやめてくれ！　という苦情は高齢者から根強くあります。人生の大先輩に対して、「後期高齢者」という名称は、失礼です。政治は倫理です。高齢者の尊厳を汚す制度は問題です。民主党は野党になりましたが、廃止に向けて、引き続きがんばり続けたいと思います。やはり、医療制度を年齢で区切り、受けられる医療を差別するのは問題です。実際、自民党政権に戻ってからも、現在市町村が保険者になっている国民健康保険（以下、国保）を、都道府県を保険者とする医療制度改革法案が二〇一五年に国会で審議される予定です。

今すでに後期高齢者医療制度は都道府県単位の広域連合で運営していますので、国保も都道府県単位になれば、いっそのこと、両方とも都道府県単位になるので、七五歳の年齢差別をなくし、後期高齢者医療制度を廃止しようとの声が再び高まる可能性があります。その場合にも、知事会の賛同を得るために、国保にいくら財政支援を新たにするのか、どの財源を活用するのかが大きなポイントとなります。ちなみに、市町村が赤字を補てんするために一般会計から繰り入れた額は、約三五〇〇億円（二〇一二年度）にのぼります。

いずれにせよ、すでに定着している後期高齢者医療制度を今さら廃止するのは事務が大変で避けたいという自治体の声と、「後期高齢者という名前はやめてくれ」「受けられる医療を年齢で差別するのはやめてくれ」という高齢者の声をどう両立させるかがポイントです。

また、後期高齢者差別の解消に向け、一歩前進したこともあります。後期高齢者医療制度廃止の法改正には時間がかかり、野党の賛成も必要でしたが、法改正が必要でなく、予算をつければ解消できる問題点については、二〇一〇年度の予算からすぐにやりました。

まず、七五歳以上では引き下げられていた診療報酬を年齢で差別しないように、他の年齢と同じレベルに引上げしました。大きな転換です。年齢でなく、症状で分けるべきです。七五歳以上が医療を受けにくい、入院しにくい、退院させられやすいという点数制度を変えました。

さらに、七五歳以上は人間ドックの補助を市町村から受けられなくなり、当初は苦情が多く出ていました。「七五歳以上の高齢者は人間ドックを受けずに早期発見できず、手遅れになって死ねというのか！　それが社会の功労者への仕打ちか！」と。これも私が政務官の時に、市町村に補助金をつけ、人間ドックへの市町村の補助を復活できるようにしました。これによりほぼすべての市町村で七五歳以上も人間ドッグの補助が復活しました。全く報道もされていませんが、少しですが後期高齢者差別が解消されました。年齢により受けられる医療に差があってはならないのです。

年金の抜本改革の必要性——二〇二五年には国民年金は月五万円に目減り

さらに、年金の抜本改革も実現できませんでした。一元化と最低保障年金七万円。これはもともと四年以内に法案を提出し、次の選挙を経て実施となっていました。しかし、これも参議院選挙のあと、国会がねじれてしまい、民主党の年金改正案は成立させることができなくなりました。ただ、二〇一一年に民主党は年金改革案のいくつかのシミュレーションを行い、公表しました。年金を一元化し、最低保障年金を創設するという抜本改革は、二〇年から四〇年かかる大改革で簡単ではありません。

しかし、今のままの年金制度では、マクロ経済スライドという年金自動引き下げ機能のため、月六万四〇〇〇円の支給額が、二〇二九年には今の物価に換算して月五・四万円程度に目減りします。これでは、今の年金制度は持続可能とは言えません。高額所得者の年金を削り、低年金者に手厚くする改正が必要です。このままでは低い年金で老後に生活保護に頼る高齢者が激増します。生活保護と年金の逆転現象は可能な限り解消すべきです。

写真 3-1
▷国会対策委員長に就任し、野田総理と共に安倍総裁に挨拶。消費税増税は、社会保障を充実・維持と財政再建のためには、避けては通れないと苦渋の決断をしました。だからこそ、消費税増税による税収は、全額社会保障に使うべきです（2012年9月）。

民主党政権下では、非正規雇用の方々の厚生年金加入を増やす改正を提案しましたが、野党の反対により、厚生年金に加入する対象を大幅に減らした改正をまず、行いました。野党になりましたが、抜本改革の理想像は変わっていません。ただ、まずは非正規雇用の方々を可能な限り厚生年金に加入してもらえるような法改正を与党に働きかけます。

2 消費税増税の決断——苦渋の決断。だが大きな代償

実現できなかった理由

このように実現できたマニフェストと実現できなかったものがありました。実現できなかったものの、理由は二つ。一つは、ねじれ国会により、野党の反対で、参議院で法案が通らないから実現できない、という理由。もう一つは、多くの財源が必要であることです。

初めて政権与党になり、より切実に財源確保の重要性を痛感する中で、民主党の中でも消費税の増税議論が出てきました。最初は、二〇一〇年の参議院選挙の際に菅総理が「消費税アップ」について発言をしました。また、翌二〇一一年夏に新たに総理大臣に就任した野田総理がその増税路線を引き継ぎました（写真3

－1）。

民主党の二〇〇九年のマニフェストには、消費税増税は入っていませんでした。そのため、党内にも消費税増税には根強い反対論がありました。二〇一二年の消費税増税法案の際には、党内も消費税増税について賛否両論に分かれ、党内議論でもめました。私は社会保障をライフワークとしていますので、反対派の議員を昼の会議だけではなく毎晩居酒屋に誘い、「社会保障の充実と維持には、消費税増税はやむを得ない」と、説得しました。私は国会対策副委員長という立場で、消費税増税法案を成立させる役割を負っていました。

本書でも述べてきたように、民主党の旗印の一つが「社会保障の充実と維持」であったがゆえに、新しい財源がなければ今の社会保障を充実、安定化させることはできない、また国の借金が七〇〇兆円を超え世界一の借金大国である中、財政再建をこれ以上先送りできない、と私は考えました。

私のもとにも増税反対の苦情が多く来ましたが、「社会保障の充実のため」と使命感を感じていました。「政治家は次の選挙でなく、次の世代のことを考えねば」と自分に言い聞かせ、厳しいことでもつらいことでも日本の未来のために国民に対して言わねばならない、と考えていました。

テレビにも出演し、私は推進派の一員として反対派の議員と数多く論戦しました。結果的には、二〇一二年八月に消費税増税法案は成立しましたが、離党者が続出しました。

二〇一二年一二月の選挙は惨敗。民主党の大きな敗因は、バラバラで内輪もめが多かったこと。その最大の理由は、消費税増税法案でした。「次の選挙ではなく、次の世代のことを考える」と、選挙前は強気で言っていましたが、多くの同僚議員が落選し、大きなショックを受けました。おまけに、自民党政権に変わると、「全額消費税は社会保障に使います」という話があいまいになり、事実上、消費税増税による増収が法人税減税や公共事業に流用される事態になりました。社会保障の充実がほとんど見えない中で、自己負担がアップし、社会保障がカットされるのは問題です。「これでは話が違う、だましたのか？」と、なりかねません。今は私たちは野党になりましたが、消費税増税法案を成立させたのは私たちですから、消費税増税が社会保障の充実、維持にしっかり全額使われるように、国会で正していきたいと思います。

今の安倍政権を見ていると、もし民主党への政権交代がなければ、消費税増税は行われていなかったのではないかと思います。しかし、真剣に日本の社会保障の充実と安定化を考えれば、誰かが消費税増税を決断せねばなりませんでした。

消費税の増収分で、子育て支援を充実

ちなみに、今まで消費税の税収は、医療、年金、介護という高齢化の「三経費」にしか使うことができませんでした。しかし、消費税の八％、一〇％への引き上げに際して、私たちは、消費税の増収分を新たに「子育て支援」に充てることが

写真 3-2
▷与野党国会対策委員長会談。2012年9月から11月までは、民主党の国会対策委員長でした。与党の国会対策委員長とは、国会で審議される政府提出のすべての法案を成立させるべく、野党と交渉する責任者です。社会保障関係の法律の成立や、予算を獲得するためには、厚生労働省の枠内の力だけでは限界があります。すべての省庁や他党と話をつける政治力が必要です(2012年10月)。

できるように決めました。さらに、年七〇〇〇億円から一兆円の財源を子育て支援に確保することを決めました。この子育て支援重視の判断は、社会保障政策の変更の最も大きなものの一つでした（写真3-2）。

今までは社会保障の中では医療、年金、介護が中心になってしまい、子育て支援が後回しになりがちでした。選挙でも高齢者の声が子育て家庭の声よりも多く反映されがちです。そんな中で、「人生前半の社会保障」の充実が必要と考え、子育て支援の安定的な財源を消費税により確保するしかないと考えました。

少子高齢社会において、子育て支援は、国の最も重要な施策の一つです。保育士や幼稚園教諭の処遇を改善し、賃金を引き上げると共に、人員配置基準も引き上げ、保育園や幼稚園の質を高め、量を増やすためには、消費税増税による年七〇〇〇億円の予算の拡充がどうしても必要でした。

第4章　二〇一四年の国会で、私が取り組んだこと

この本を執筆している最中の二〇一四年六月二〇日に私がかかわった二本の法律が成立しました。過労死防止法と介護・障害福祉従事者処遇改善法です。

1　過労死防止法の成立

過労死防止法を求めるご遺族の思いを受けて

夫を過労死で亡くされたご遺族に出会い、私が衆議院本会議場の壇上で小泉総理（当時）の目の前で、過労死された方の遺書を読み上げ、過労死や小児医療現場の過酷な労働の問題点を取り上げたのは八年前（二〇〇六年）でした。それ以降も、過労死は増え続ける一方で、最近ではブラック企業も顕在化し、長時間労働や職場のパワーハラスメント、実現不可能な過重なノルマなどにより、うつ病を患ったり、過労死する若者も増えてきました。ご遺族から「過労死防止法を作ってほしい！」「過労死はあってはならない！　と、国の責務を明記する法律を作り、過労死がない社会を作ってほしい！」という涙ながらの訴えを聞きました。

多くの超党派の議員がご遺族の無念の思いを受け止め、何とか過労死防止法を成立させたい！　との思いを持ち、立ち上がりました。

二〇一三年一〇月以降の九か月間は、法案づくりの山場で、政党間の協議も難

写真 4-1
▷寺西笑子さん（過労死を考える家族の会の全国代表世話人）が、国会で「過労死をなくす法律の成立を！」と意見陳述されました（2014年5月23日）。

航し、一喜一憂し、ご遺族の思いを考えると、夜も眠れない日々がありました。すべての政党の協議が整い、法律が成立するのは簡単なことではありません。特に、雇用・労働分野では、日本では今日まで、一本も本格的な議員立法は成立したことがないのです。過労死防止法が成立すれば、国会史上初の本格的な、雇用・労働分野の議員立法になるのです。

しかし、連日のご遺族の必死の訴えや、全国五四万人もの「過労死防止法を求める署名」の結果、年明け以降、各政党との修正協議も進み二〇一四年六月二〇日に悲願の過労死防止法が成立しました。

「全国過労死を考える家族の会」の世話人代表の寺西笑子さんは、一八年前に夫を過労死で亡くされましたが、衆議院厚生労働委員会（二〇一四年五月二三日）で過労死防止法の採決の直前に次のように訴えられました（写真4-1）。

「過労死は今もなお増え続けており、相談者は絶えることはありません。近年、入社数か月でうつ病になり息子さんが自死された親御さんや、幼い子どもを抱えた妻が悲愴な状態で相談に来られています。

懸命に育てた息子や娘を亡くした親は、親自身の人生までもが奪われ、乳飲み子を抱えた妻は、明日からの生きて行くすべさえ奪われます。ましてやこれからという人生を奪われた本人の無念は、いかばかりでしょうか。

労働災害の申請をするには、高い壁が立ちはだかり、申請しても遺族が立証するには限界があるため、泣き寝入りする遺族がほとんどで認定される遺族は氷山

写真 4-2
▷衆議院厚生労働委員会で、全会一致で過労死防止法が可決。議員から大きな拍手（2014 年 5 月 23 日）。

の一角です。

職場は違っていても、その背景には真面目で責任感が強い優秀な人が長時間労働で心身の健康を損ない、過労に陥り命を奪われている実態があります。

私たちは繰り返される過労死をなくしたいとの切実な思いから、過労死をなくすための対策を、国にお願いしたいと切望するようになりました。

日本に初めて過労死という文言の入った法律をつくり、国をあげて、過労死を防ぐ対策を進めてくださるように切にお願い申し上げます」

この寺西さんの五分間の切々たる訴えの後、衆議院厚生労働委員会の全政党の議員、四四人が採決で、賛成の起立をしました（写真4-2）。正面の席の寺西さんやご遺族に対して、起立した議員から大きな拍手が巻き起こりました。ご遺族の方々は、ハンカチで涙をぬぐわれました。

「過労死防止法」で、過労死は減らせるか？

過労死防止法（過労死等防止対策推進法）は、主に過労死防止の理念を書いた基本的な法律で、罰則があるわけでもありません。そのため、「本当にこの法律で過労死が減らせるのか？」という不安の声もあります。

しかし、私はこの法律により必ず過労死を減らせると確信しています。過労死を防止する法律が、すべての政党の全国会議員の賛成により成立する効果は大きいです。

この法律の内容は、過労死防止を国の責務として定め、過労死の研究、調査や啓発（毎年一一月を過労死防止月間とする）などを行うと共に、ご遺族もメンバーに入った過労死防止対策推進協議会を立ち上げ、過労死防止対策大綱（計画）を策定するものです。

国の責務として過労死防止を書き、過労死の実態を調査・研究し、その原因を明らかにしつつ、ご遺族も入った過労死防止対策協議会で対策・計画を策定し、それに予算をつけ、必要であれば、さらに制度（法）改正や規制も行います。「個人の問題」であった過労死について、今後、「社会の問題」として対策を講じることになります。

寺西さんは、「労働災害に認定された過労死は、氷山の一角であり、実際に長時間労働や職場のパワーハラスメント、過重な実現不可能なノルマなどで、病気になったり、過労死している方やその予備軍は、数万人、数十万人もおられます」と、訴えておられます。

実際、前に述べたように、自殺対策基本法により、自殺対策予算は大幅に増え、自殺者は大幅に減りました。また、がん対策基本法により、がん対策の予算は増え、がんを死因とする死亡者の割合は低下しました。いずれも政府が作った法律（閣法）ではなく、過労死防止法と同様に、国会議員が策定した議員立法です。やはり、法律ができれば、予算も増え、対策は大幅に進むのです。それを願って、国会議員は議員立法を作るのですから。

もちろん、法律ができて自動的に過労死が減るわけではありません。過労死防止法という道具、仕掛けを使って、実態や原因を解明し、制度や対策を作り、予算を確保し、世の中に啓発を行い、粘り強く過労死防止の取り組みをせねばなりません。その意味では、過労死防止法の成立はゴールではなく、国をあげての本格的な過労死防止対策のスタートです。

ブラック企業の問題が顕在化し、過労死のみならず、過重労働により、うつ病を発症する労働者も増える中で、ご遺族の方々の切なる思いに応えて、何とかせねばという思いを持った国会議員が動いて過労死防止法を作ったことの意味は大きいです。法治国家である日本において法律をつくるのは国会議員です。国会議員が、「ローメイカー（立法者）」、国会が「立法府」と呼ばれる所以です。命を守るための法律、過労死防止法を、この国会で成立させることができ、政治家として責任の重さを感じます。

議員立法を支える「法制局」とは?

議員立法を国会議員が作成する際に、一番重要なのは、法制局の働きです。政府の法律を審査する内閣法制局とは別に、議員立法づくりは、衆議院議員が法律を策定する場合には衆議院法制局が、参議院議員が策定する場合には、参議院法制局が補佐します。法制局の職員は、法律の専門家であり、議員を補佐し、その目指す政策を、法律案という「一定のルールに従って作成される、特殊な形式の日本語」に変換します。議員間の議論を踏まえて何度も修正を重ね、法案を完成させます。「縁の下の力持ち」である法制局の優秀なスタッフの力があるから、国民生活の向上を図る重要な法律を立案することが可能になります。

議員の政策を支える「調査室」とは?

議員立法を作成する際に、法律の文章については法制局が担当しますが、政策的なサポートや調査は、調査室に負うところが大です。議員立法を作成する際には、その問題の現状はどうなっているか、解決策にはどんな選択肢があるか、それぞれの選択肢のメリット、デメリットを調査する必要性があり、その際に議員を支えるのが調査室です。法制局と同様に、衆議院調査室と参議院調査室があり、政策のプロの職員が揃っています。議員は幅広い分野の政策能力が求められ、調査室の支えが議員の調査や政策立案能力の向上には必要不可欠です。

世界中の資料を調査する「国会図書館」とは？

さらに、より幅広く海外も含めた文献や論文、資料が必要な場合は、国会図書館から資料を入手でき、国会図書館の専門職員から説明を受けることができます。議員立法の立案のみならず、各政党の政策の立案、国会質問などについても、諸外国の最新の情報や国内の最新の論文や著書の情報が必要な場合があり、国会図書館や専門職員の支えは非常に重要です。国会に隣接する国会図書館の部屋を借りて、政策づくりに没頭する時間を持つこともできます。

写真 4-3
▷要支援サービスを介護保険から外す「医療介護推進法」が強行採決（衆議院厚生労働委員会、2014年5月14日）。

2　強行採決された「医療・介護総合推進法」の問題点

要支援1、2の高齢者サービスを介護保険からはずす「要支援切り」

私がこの原稿を書いている最中の二〇一四年の通常国会では、過労死防止法が成立する直前に、医療・介護総合推進法（地域における医療及び介護の総合的な確保を推進するための関係法律に関する法律）が強行採決の末、成立してしまいました（写真4-3）。一九本もの法律を束ねた大きな法律ですが、最大の改正、問題点は、「要支援切り」です。つまり、来年（二〇一五年）四月から一六〇万人の要支援1、2の高齢者へのホームヘルプやデイサービスを介護保険からはずして、市町村事業にするのです。

ただ単に市町村事業にするだけでなく、要支援の予算の伸びを今までの年五～六％から年三～四％に抑制するため、サービスがカットされます（資料4-1）。具体的には、今回の改正により、市町村は独自の判断でホームヘルプやデイサービスの単価（介護事業者に支払う委託料）や人員配置基準を下げることができるようになります。二〇一五年四月以降は、財政抑制のため、単価が下げられ、事業所としては、介護職員の賃金を下げるか、人員配置基準を下げるか、プロの

資料 4-1　事業移行後の「専門的サービス」と「多様なサービス」の利用割合について

「専門的サービスのサービス量については、多くとも現状維持であり、基本的には一定程度減っていくことが考えられ、変動の幅については、様々な仮定が考えられる」 「(注) 仮に、専門的サービスのサービス量を現状維持とし、今後サービス量が増える分(過去の要支援認定者の伸び率（７％程度）で利用者が伸びると仮定) を多様なサービスとして計算した場合、2025 年度の専門的サービスと多様なサービスは、それぞれ５割程度と計算される」

▷「専門的サービス」とは、プロの介護職員が提供していた従来のホームヘルプやデイサービスのことであり、今後は、プロの介護職員のサービスは増やさず、減らす方向。その結果、上記の厚労省の発表によれば 10 年後の 2025 年には、要支援の高齢者のうちプロの職員のサービスを利用できる高齢者は約半数であり、残りの高齢者はボランティアなどのサービスを利用することになるようです。このように初期・早期の要支援高齢者へのサービスが半減することは大問題です。何のための消費税増税だったのでしょうか？

出所：厚生労働省（2014年６月11日)。

介護職員でなく、より賃金の安い無資格者や有償ボランティアを雇うかなどの選択を迫られます。また、介護保険では一割負担と決まっていましたが、市町村事業になれば、二割負担でも五割負担でも、市町村が自己負担を自由に決められます。

今までは権利として、プロの介護職員のホームヘルプやデイサービスを要支援の高齢者は利用できましたが、二〇一五年四月以降はいくら要支援１、２の認定を受けても、「プロの介護が必要」と認定された人しか、サービスは利用できなくなります。

今回の改正により、各市町村は、要介護認定率を下げることを求められますので、二〇一五年四月以降は、要介護認定を受けたいと申し出ても、軽度の高齢者は簡単なチェックリストの判定により、「まずはボランティアのサービスを利用してください」などと誘導され、簡単には要介護認定を受けられなくなるという「水際作戦」が行われるおそれがあります。

国から要支援予算の伸びの抑制を迫られる市町村は、要介護認定率を下げること、つまり、できるだけ介護保険を利用してもらわないような対応をせざるを得なくなり、ホームヘルプやデイサービスの回数や時間を減らしたり、介護のプロではなく、無資格の買い物支援や掃除業者、シルバー人材センターの方々やボランティアのサービスに置き換えざるを得なくなります。

一歩間違えば、必要なサービスが受けられず、その結果、状態が重度化し、要

写真 4-4
▷１人暮らしの要支援の高齢者（91 歳）が、「今のホームヘルプサービスを引き続き利用したい」と、国会で意見陳述されました（2014 年5月6日）。

介護になる高齢者や一人暮らしができなくなる高齢者が増えたり、施設入所が増えたりして、結果的に、財政負担も増えかねません（写真4-4）。

高齢者以上に、介護している家族にとっても深刻な問題で、今まで以上に介護負担が増えることになり、現在で年一〇万人の介護離職がさらに増えかねません。

特に、認知症の高齢者や家族が、今回の法改正で直撃を受けかねず、全国組織である「認知症の人と家族の会」は、今回の改正に対し、「認知症の高齢者が初期や早期に専門職のサービスが受けられなくなるおそれがある」と、強い懸念を表明しています。厚労省の調査によれば、要支援１、２の高齢者のうち約半数が軽い認知症です。

今回の改正は、「認知症には早期、初期の対応が重要」という厚労省の認知症対策の考えにも逆行、矛盾しています。

消費税増税なのに社会保障カットはおかしい

残念ながら、この法案は強行採決されてしまいましたが、私が一番問題だと思うのは、消費税が八％に増税された二〇一四年に、この「要支援切り」が強行採決されたことです。「消費税増税は、社会保障の充実と維持のため」というのが国民との約束であったはずです。

一方では、安倍政権になってから、景気対策と称して、二〇一三年と二〇一四年には、公共事業は年二兆円も民主党政権に比べて増え、復興特別法人税の廃止前倒しで、法人税減税が八〇〇〇億円も行われました。これでは、消費税の増税分は、公共事業と法人税減税に流用されていることになります。

民主党は、「社会保障の充実・維持のためには消費税増税を国民の皆さんにお願いせざるを得ない」と苦渋の決断をしました。しかし、安倍政権になり、消費税増税にもかかわらず、社会保障はカットされ、公共事業が「国土強靭化」という名のもと、大幅に増やされているのは問題です。

もちろん、急速に高齢化が進む中で、財政再建のために、社会保障を効率化・重点化することも必要です。しかし、消費税増税の理念は、まずは社会保障の充実と維持であり、社会保障はカットが中心で、増税分が公共事業や法人税減税などに流用されるのであれば、それは国民との約束違反です。

3　介護・障害福祉従事者処遇改善法の成立

特定の職種の賃上げを法律で決めるのは異例

このように消費税増税にもかかわらず、介護サービスがカットされる医療介護推進法が強行採決されたことに、強い怒りを感じます。ただ野党として、手をこまねいて見ているだけではありません。

医療・介護総合推進法案に対して、私も提案者となり議員立法「介護・障害福祉従事者人材確保法案」を提出し、与党に対して、介護や障害福祉の職員の賃金引き上げを迫りました。この法案は、「法案成立後三か月以内に介護・障害福祉職員の賃金を月給一万円引き上げる」という内容です。財源は、八％への消費税増税の増収五兆円（年）のうち一〇〇〇億円などを使います。そもそも消費税増税は社会保障の充実・維持が目的なのですから、その五兆円の増収のうち二％の一〇〇〇億円を賃金引き上げに使うのは当然の主張です。

おまけに安倍総理は「賃上げ」を経済界に強く要請しているのですから、逆に、介護報酬などの引き上げにより、政府の判断で給料が事実上決められる介護や障害福祉の賃金を引き上げるのは、率先垂範、言行一致の意味からも当然です。

ちなみに、二〇一四年度の消費税八％引き上げによる増収は年五兆円ですが、子育てや年金、医療にほとんどが使われ、介護の充実に使われたのはたった四六億円（〇・一％）に過ぎません。五兆円のうちの二％、一〇〇〇億円を使って、介護職員の月給を一万円引き上げるのは、消費税増税の趣旨にかなっています。実際、介護や障害福祉の月給は、他の産業に比べて、一〇万円程度低く、ますます人手不足が深刻です。

おまけに、今回の医療・介護総合推進法により、介護事業所への委託料（単価）も来年四月から下げられ、ボランティアの活用が推奨されます。加えて、安倍総理は、成長戦略として、介護分野への外国人のさらなる活用も訴えています。

ボランティアや外国人の活用という方針を政府が打ち出せば、介護職員の賃金は上がるどころか下がりかねません。

そのような危機感の中、私たち野党は介護・障害福祉従事者人材確保法案を国会に提出。消費税増税の当日、四月一日に衆議院本会議場で、医療介護推進法案とセットで、介護・障害福祉従事者人材確保法案の論戦を行い、私は法案の提出者として、「消費税増税は社会保障の充実・維持の目的である以上、介護・障害福祉職員の賃金を早急に引き上げるべき」と演説しました。

さらに、衆議院厚生労働委員会でもこの法案の審議を行い、私は「介護や障害者福祉という最も尊い仕事を低賃金でしている職員の賃上げが早急に必要」と力説。与野党で修正協議を積み重ねた結果、すべての政党の賛成により、二〇一四年六月二〇日に介護・障害福祉処遇改善法は成立しました。

与野党協議での修正点は二点。一つは、賃上げの実施時期は来年二〇一五年四月に先送りする。二つは、賃上げ幅は明記せず、二〇一四年一二月末の来年度予算決定までに詰める。さらに、略称も「介護・障害福祉従事者処遇改善法」と少し変わりました。

少し後退はしましたが、先ほど述べたように、このままでは賃上げどころか、賃金が下がりかねない危機的な状況の中で、与党も含めた衆議院四八〇名と参議院二四二名、合計七二二名の総意により、二〇一五年四月からの賃上げを約束する法律を成立させた意味は大きいです。

実は、2章で述べたように、六年前にも私が中心となって「介護人材確保法案」を国会提出し、与党と修正協議をした上で法案名も少し変え、今回のように全党賛成で「介護従事者処遇改善法」を成立させました。その結果、翌年四月に介護報酬などが引き上げられ、介護職員の月給が平均九〇〇〇円アップ、障害福祉職員は平均七二〇〇円アップすることになりました。

二〇一五年四月にいくら月給がアップするかは、二〇一四年末に向けての折衝次第ですが、この処遇改善法が全党の賛成で成立した以上、賃金が下がることはあってはなりません。賃上げ幅は、この法律がない場合よりは、大きくなることは確かです。

残念ながら、「要支援切り」の医療介護推進法の強行採決は阻止できませんでしたが、処遇改善法を成立させることができたことはせめてもの救いです。

この過労死防止法や介護・障害福祉従事者処遇改善法のように、与野党で力を合わせ、社会保障を前進させる重要な法律を成立させることは可能です。与党議員の誠実で熱心な取り組みに心から感謝します。単なる「反対、反対」の野党ではなく、国民の利益になる議員立法を成立させることができるのも国会議員のやりがいであり、醍醐味です。

第Ⅱ部　政治で社会保障を変える

第5章　私が政治を志した原点

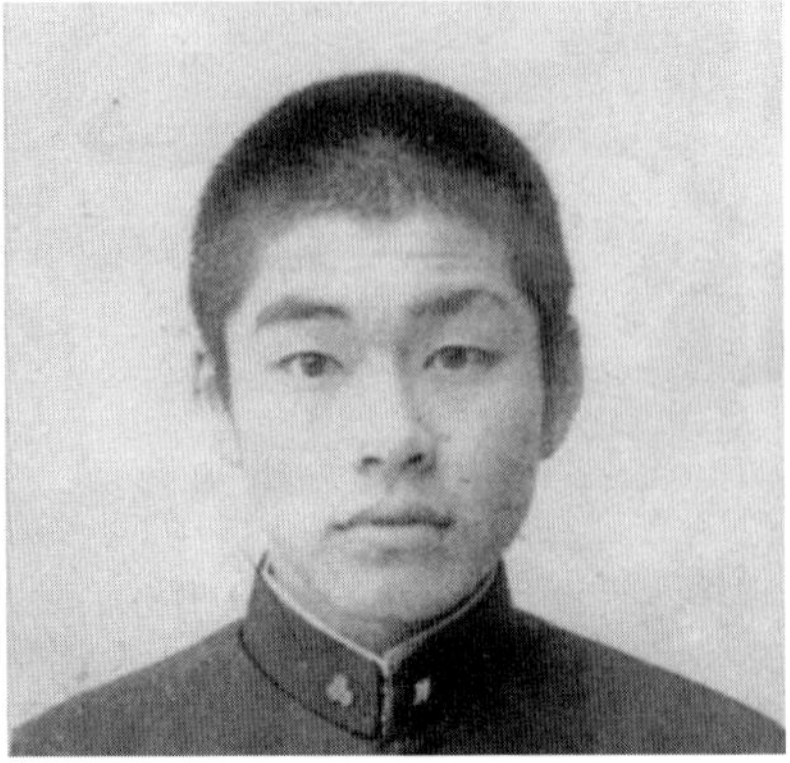

写真 5-1
▷高校はお寺の中にある仏教の高校で、「菩薩になりなさない。社会のぞうきんになって、社会をきれいにする生き方をしなさい」との教えを恩師から受けました。

1　「社会のぞうきんになって、社会をきれいにする生き方をせよ」

「まえがき」にも書いたように、私が福祉や政治に関心を持った原点は、高校の恩師の「社会の雑巾（ぞうきん）になって、社会をきれいにせよ」という言葉です。

私は京都の仏教系の高校で学びました。担任の虎頭祐正先生は宗教の先生で、毎日、私は「菩薩になれ」との教えを受けました。また、三浦俊良学校長からは、「社会のぞうきんになって、社会をきれいにする生き方をせよ」と教えを受けました。また、卒業した日には三浦学校長から、「そのためなら、自分の命を捨ててもいい、というものを見つけなさい」と指導を受けました（写真5-1）。

大学で工学部工業化学科に入学した私は、「社会のぞうきんになれ！」との教えを胸に、何か少しでも世の中の役に立てるボランティア活動をしたいと思い、ボランティアサークルに入りました。

そして母子寮でのボランティアを経て「自分の命を福祉に賭けよう！」と思うようになりました。

写真 5-2
▷大学時代に母子寮で 6 年間、ボランティアをしたことも、私の政治の原点です。これは子どもたちと一緒にスケートに行った時の写真です。

母子寮ボランティア

「最も政治の力を必要とする人々は、最も政治から遠いところにいる」

私がその後六年間、ボランティアすることになった児童福祉施設の母子寮（当時、現在は母子生活支援施設）の入居者の中には、夫のＤＶや親からの虐待から逃れたお母さんや子どもたちがいました。さらに、サラ金被害で破産した家庭や、貧困であるばかりでなく、お母さんや子どもに障害がある人も含め、母子寮に二〇世帯くらいが暮らしていました。

小学三年生のみきちゃん（以下、仮名）は、無口で私とは口をきいてくれませんでした。父親からの虐待により精神的に傷つき人間不信に陥り、大人の男性である大学生の私とは目も合わせてくれないのです。

私は、みきちゃんに絵本を読み聞かせることにしました。毎週水曜日と土曜日の夕方に母子寮を訪れるたびに、何度も絵本を読んでも、みきちゃんは言葉を発することはありませんでした。

しかし、ある日の夕方、母子寮にみきちゃんのお母さんが仕事から帰って来られました。そして、「みきは、いつも山井のお兄さんから絵本を読んでもらっている、って、喜んでいます」と、お礼を言われました。

なんと無口なみきちゃんは、お母さんとは家で話をし、私のことも話しているのです。私は地味だけど苦しむ子どもたちを幸せにする活動にやりがいを感じました。

また、不安定な家庭環境が原因で不登校になってしまったさとみちゃん。お母さんの育児放棄により、小学生になっても言葉が話せなかったはるのぶ君。母子寮の大部分の子どもたちは元気でしたが、中に一部、このような心の傷を負った子どもたちがいました。

単に子どもと遊ぼうという軽い気持ちで、母子寮に通い始めた私は、そこで生まれて初めて社会問題に出会いました。「貧困」「虐待」「障害」。

私は強く感じました。子どもたちに罪はない。望んで崩壊家庭、貧困家庭に生まれてきたわけではない。こんなに困難な家庭だけれど、この子どもたちに幸せになって欲しい、と。

同時に、母子寮のお母さんたちは子どもを抱えて、生活を立て直すため人生を立て直すために必死でした。しかし、当時から、子どもを抱えた母子家庭のお母さんは正社員になるのが難しく、なかなか安定した仕事に就けず苦労していました。

さらに母子寮に入居するお母さんには中学卒業などの低学歴の人、貧困家庭や崩壊家庭に育った人が多かったのです。「貧困の連鎖」という言葉を、私は初めて知りました。貧困な家庭の子どもが十分な教育を受けられずに、自分も大人になって貧困になる。なんて悲しい現実でしょう。

私は、目の前で苦しむ子どもたちを何としても幸せにしたいと思いました。そして、お母さんたちも応援したいと思いました。力が欲しいと思いました。そし

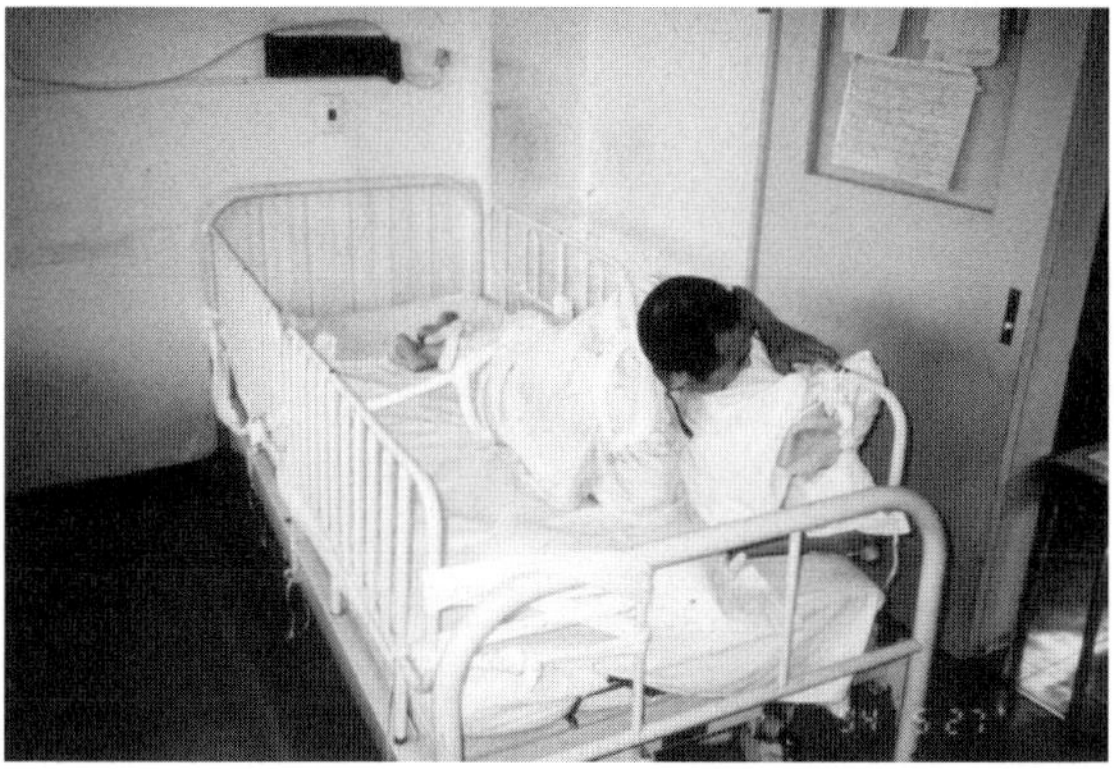

写真 5-3
▷老人病院の認知症の病棟で実習した際、ひもでベッドに縛られた患者さんに、ショックを受けました。「軽老」でなく、「敬老」の国を創らねば、と、心に誓いました。

てこの貧困の連鎖を断ち切る仕事は、政治の役割ではないかと思いました。

さらに感じたのは、「最も政治の力を必要とする人々は、最も政治から遠いところにいる」ということです。子どもは投票に行けませんし、母子寮のお母さん方も子どものために働くのに精一杯で政治どころではありません。

私は、政治というのは不公平だと感じました。政治家は明るい問題、票になる問題、政治献金につながりやすい問題を優先しがちです。しかし、本当に政治の力を必要としているのは、地味で暗くて票にもお金にもなりにくい問題です。しかし、蓮《はす》の華《はな》が、泥の中から美しく咲くように、貧困、病気、障害、借金、暴力、虐待などのつらい現実に立ち向かい、弱者を救うことこそが、本当の政治ではないかと感じました。

「社会のぞうきんになって、社会をきれいにする生き方をせよ」という恩師の言葉を肝に銘じました。

2　寝たきりだった祖母

スウェーデンに二年留学

もう一つの私の原点は、私の祖母が長年の寝たきりの末に亡くなったことです。

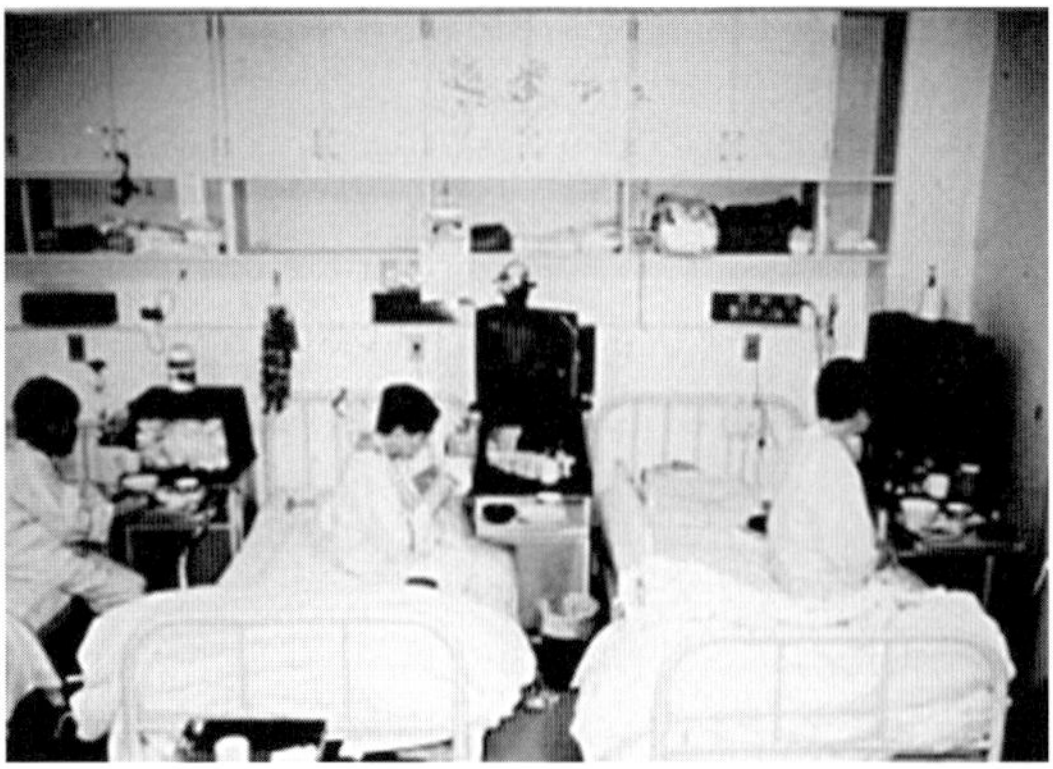

写真 5-4
▷家に居場所がないため、病気が回復してもなかなか退院できない「社会的入院」の高齢者が老人病院に多くいました。人生の終末がこれでいいのかと、強いショックを受けました。

小さな頃に、寝たきりの祖母の姿を見て育った私は、寝たきり問題の深刻さ、つまり、おばあちゃん本人も大変ですが、介護する家族も大変だということを痛感しました。今後、高齢化が進み、寝たきり問題が深刻化したら、お年寄りも家族も大変なことになる。この問題も票にもお金にもなりにくいが、何としても解決せねばならない問題だと感じました。

私は工学部で大学院まで進み、酵母菌、バイオテクノロジーの研究をしていましたが、福祉や政治にも関心を持ち、松下政経塾で五年間、政治、経済、高齢者福祉などについて学びました。特に、松下幸之助塾長の教えである「現地現場主義」により、日本や海外の老人ホーム、老人病院、在宅福祉の現場で、合計二年くらい実習をして回りました。

老人ホームの実習では朝から晩まで、毎日、食事介助、入浴介助、オムツ交換をして、何度も腰痛で倒れました。

「（老人ホームから）家に帰りたい」と泣くお年寄りの姿を見、一方で在宅介護で過労で倒れる家族の姿も多く見ました。

実習でのオムツ交換は大の苦手でしたが、大便の処理も嫌な顔をせずに笑顔でされる介護職員さんには、本当に頭が下がりました。老人ホーム実習では、介護職員の人手の少なさや過重労働、低賃金を痛感。また、老人病院ではベッドにヒモで縛られている認知症の高齢者の姿にショックを受け（写真5-3）、一方、病気はほぼ治っているのに家庭に居場所がなく退院できない「社会的入院」の高齢

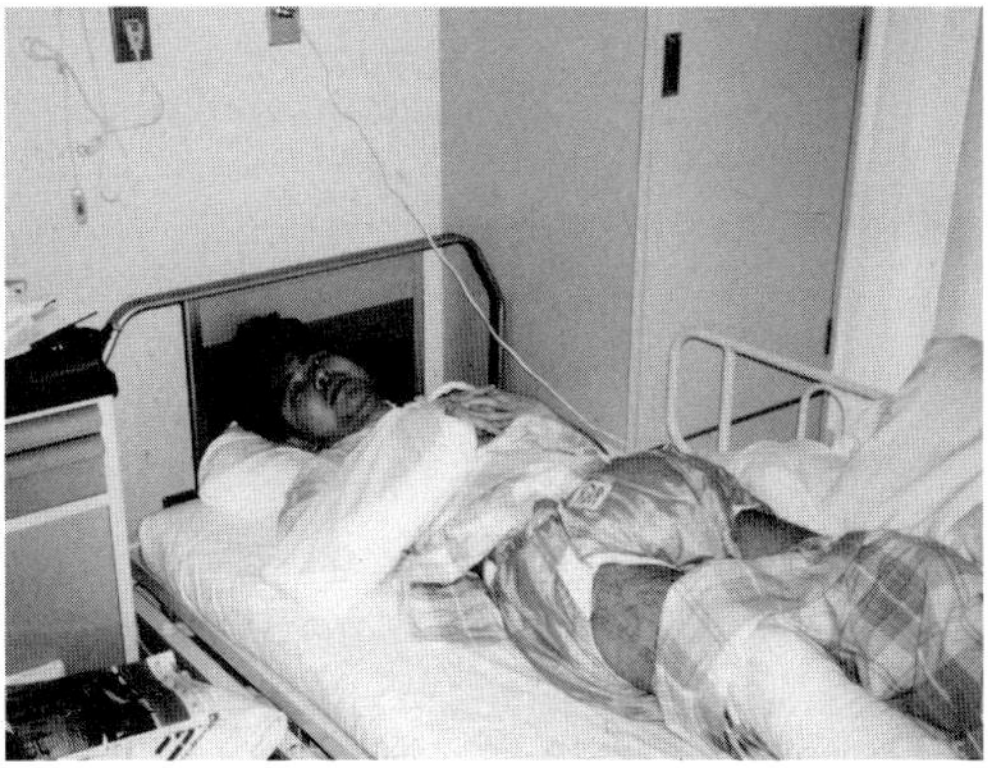

写真 5-5
▷介護される身になることも必要だと考え、実習のみならずおむつをつけて数日間、老人ホームで入所体験をしました。トイレに行けないつらさを体験し、人手が足りないからと言って安易におむつをつけるのではなく、人手を増やして、こまめにトイレ誘導をする必要性を痛感しました。

者の多さに驚きました（写真5-4）。このままでは、安心して長生きができる国に、日本はなれない、と危機感を持ちました（写真5-5）。

当時、私が実習したイギリス、アメリカ、スウェーデン、シンガポールの老人ホームなどでは、特に都市部では、低賃金の介護職員には外国人労働者や移民が多く、ショックを受けました（写真5-6）。私は、日本ではやはり日本人が介護すべきだと痛感しました。そのためには、賃金の引き上げが必要です。

その後二年間、スウェーデンに留学（写真5-7、5-8）し、社会保障に強い政治家が活躍している姿を目の当たりにしました。私の指導教官であり、論文の指導をして下さった国立ルンド大学社会学部のペール・グンナル・エデバルク教授は、医療福祉経済学のスウェーデン一の権威でした。ペール教授からは次のような指導を受けました（写真5-9）。

「悪化してからではなく、早い目に予防の観点から介護や医療サービスを提供することが、結果的には、経済的な社会コストを低くする」。

「八〇歳以上の高齢者が増える時代には、質の高い個室老人ホーム（モダン老人ホーム）の整備も必要です」。

「医療や介護の政策にはコスト感覚が必要です。病院や介護施設をたくさん建てるよりも、ケア付き住宅を含めた在宅福祉を充実させ、二四時間体制で夜間もホームヘルプを提供し、在宅医療を整備し、望めば、在宅で人生の最期を送れるようにすることが、高齢者本人の自己決定や尊厳を守る意味からも、経済的合理

写真 5-6
▷イギリスの老人ホームに1か月住み込んで実習した際、101歳のルースさんと記念写真。

性からも必要です。費用対効果の視点が重要です。特に、日本では医療に比べて、介護が大幅に遅れているので、介護サービスの不足が原因で、高齢者が病院に入院してしまうなど、非常に割高かつ非人間的な形になっています。介護を充実することで、医療を含めたトータルコストも節約できるはずです」。

このようにスウェーデンでは限られた財源で、最も効果的である「人間性と経済合理性」が両立した社会保障の必要性を学びました。さらに、留学中には、スウェーデン初の盲目のベンクト・リンクビスト福祉大臣にもお目にかかって話を聞きました（写真5-10）。目が不自由な障害者であるベンクト大臣は、「社会保障政策に強い政治家が必要です。官僚は制度を守ることには優秀ですが、制度を改革することは苦手です。常に、官僚は制度を守ろうとするのです。ですから、急激な時代の変化に応じて、社会保障制度を変える時には、社会保障に強い政治家が必要なのです」と、熱く私に語りました。

世界一の少子高齢化が進む日本において、社会保障に強い政治家が必要だと、私は改めて痛感しました。

出馬のきっかけとなった静子さんの言葉「絵に描いたモチは食べられません」

日本に帰国後、大学講師になり、高齢者福祉を教えながら、在宅のホームヘルパーさんにも随行して、多くの高齢者の自宅を回りました。

そんな中で忘れられないのが、静子さん（仮名）との出会いでした。静子さん

写真 5-7
▷スウェーデンのケア付き住宅で、高齢者のカルソンさんとホームヘルパーのアンキーさん。アンキーさんに同行して１か月間、多くの高齢者のご自宅を回りました。

は八五歳で寝たきり。ホームヘルパーと共に八七歳の夫が静子さんの介護をしていましたが、夫は介護疲れで先に亡くなりました。

夫を亡くして、「早く私も天国に行きたい」とおっしゃる静子さんの話し相手に、私はたびたび自宅を訪問しました。静子さんは、本が大好きで、私が当時書いた高齢者福祉の本を何冊かプレゼントすると、いつも赤いマジックで書き込みをしながら、熱心に読んでおられました。当時、私は高齢者福祉の本をたくさん書き、全国を講演で飛び回っていたのです。

そんなある日、静子さんの自宅を訪問した時、静子さんが読みかけの私の著書が枕元にありました。開いたページを見て、私は驚きました。私が本に書いた高齢者福祉充実の提言の部分に、静子さんの赤いマジックで「絵に描いたモチは食べられません」と書かれていたのです。私はバットで脳天を叩かれたようなショックを受けました。「絵に描いたモチは食べられません」というのは、すでに寝たきりになっている静子さんからすれば、私の本には素晴らしい福祉サービスの先進事例が書いてあるけれど、そんなサービスは自分は利用できないということなのです。

私は、「福祉を語る」のではなく、「福祉を実践」せねばならない。制度を作り、予算を獲得せねばならない。「絵に描いたモチ」ではなく、「食べられるモチ」を作らねばならない、と痛感しました。そこで、一九九五年九月一五日の「敬老の日」に大学教員を辞し、政治活動に入りました。一九九六年に三四歳で最初の衆

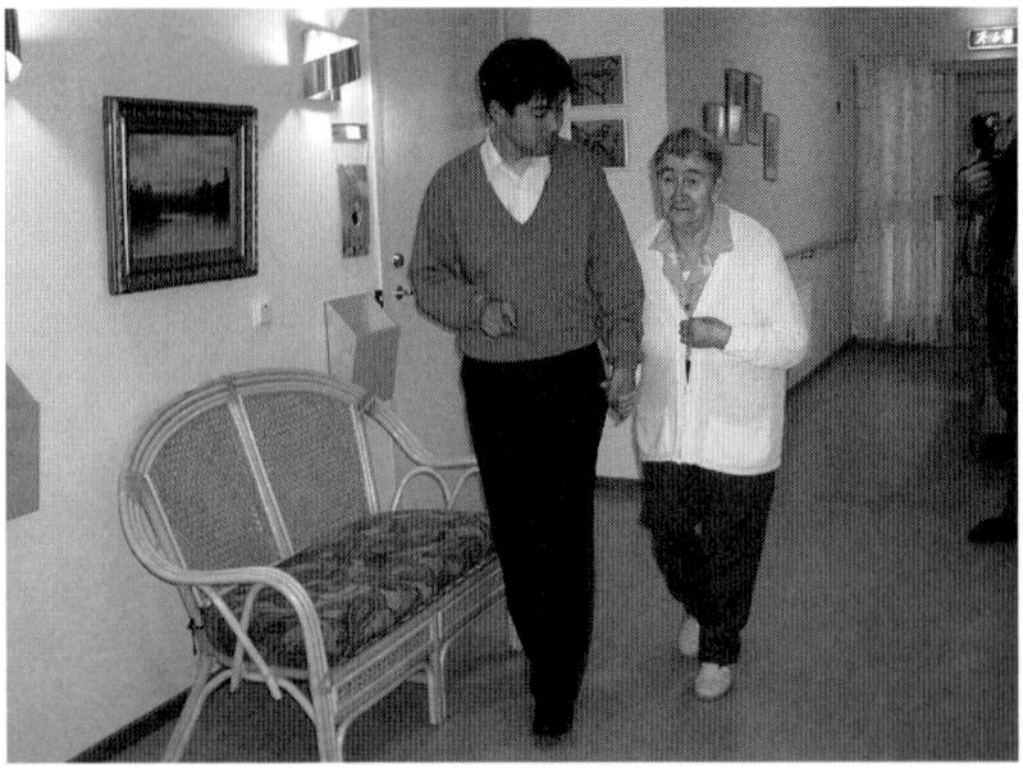

写真 5-8
▷スウェーデンのグループホームで認知症の高齢者と散歩。高齢者と直接、会話をしないと、気持ちが通じないので２年間留学し、研究とともに、簡単なスウェーデン語も学びました。

議院選挙に出馬しましたが、落選。四年間の浪人生活を経て、二〇〇〇年六月の衆議院選挙に当選しました。

当選してすぐに、静子さんに報告しようと思い、久しぶりに静子さんに電話をしました。しかし、電話はつながりませんでした。心配になって担当のホームヘルパーさんに電話をしたところ、先月、静子さんは亡くなったとのこと。

「先月、介護保険の導入に伴い、長年、静子さんを担当していたホームヘルパーが代わることになりました。これまで『ホームヘルパーさんは、唯一の心の支えだから、先も短いので、新しいホームヘルパーさんに代わるのは嫌です』と、静子さんは言っておられました。ホームヘルパーさんが四月に代わってから静子さんは食欲もなくなり、亡くなってしまわれました。生きる意欲を無くされてしまったようです」とのことでした。

私は、涙が出ました。もう少し早く選挙が終わっていたら、再び静子さんに会って話ができたのに遅すぎた、と。

そして、痛感しました。高齢者にとって、ホームヘルパーさんは家族以上に重要である。命綱である、と。やはり、突き詰めれば、「福祉は人である」と痛感しました。素晴らしい介護職員さん、看護師さん、お医者さんと出会えた人間は幸せなのです。実際、素晴らしいホームヘルパーさんと人生の最後の数年間、出会えた静子さんは、幸せであったのかもしれません。福祉は幸せを創る尊い仕事です。医療も命と健康を守る尊い仕事です。そのような福祉や医療の現場の方々を

写真 5-9

▷「社会保障には人間性と経済合理性が必要」と話す、ルンド大学のペール・グンナル教授。医療福祉経済学のスウェーデン１の権威で、私の論文指導をしてくださいました。私の論文「スウェーデンと日本の高齢者福祉の比較」は、スウェーデン図書館検索 libris.kb.se/bib/9441186 に登録されています。要約はスウェーデン語で、論文は英語です。

写真 5-10

▷スウェーデン留学時に、盲目のベンクト・リンクビスト福祉大臣に話をお聞きしました。「社会保障を良くするには、社会保障を専門とする政治家が増えなければならない。スウェーデンにおいても、障害者福祉は関心のある人が少ないので、高齢者福祉の運動と協力して、充実を訴えることが必要です」と熱く語るベンクト大臣。

第6章　命を救う政治

1　自殺に追い込まれる人を減らしたい

自殺対策に取り組む

この一五年間、国会で働いてきましたが、振り返ればやはり与党になって実現できたことが多かったです。野党と与党の力の違い。また、政務官として厚生労働省（以下、厚労省）の中に入って働くことにより、実現できたことも多いです。ただ、まだまだ実現できていないことは一杯あります。

日本での政権交代は世界でも例のない事例であったと言えます。大幅に「人への投資」の予算を増やせば、どうなるのか？　世界でも今日まで、これほど明確な形で、社会保障予算を一六％、教育予算を九％増やし、公共事業予算を三二％カットしたような事例はないと思います。

その社会で生活に苦しんでいる人が増えているか、減っているかは、自殺者が増えているか、減っているかで、はかることができると思います。長妻大臣と私は、最初に大臣室で、「何とか自殺に追い込まれる人を減らしたい。」と話をし、最優先課題として、自殺対策に取り組みました。厚労省内に「自殺・うつ病対策プロジェクトチーム」を立ち上げたのみならず、厚労省のすべての施策予算について、「一人でも自殺に追い込まれる人を減らしたい」という願いを込めました。

確かに、年金の抜本改革や後期高齢者医療制度の廃止、二・六万円の子ども手当のような大改革は、三年三か月の民主党政権では実現できませんでした。しかし、年二〇〇〇億円予算を増やした子ども手当の中学生への拡大、年四〇〇〇億円の高校授業料無償化、一〇年ぶりの診療報酬の大幅引き上げによる五五〇〇億円の医療予算のアップ、「消えた年金」問題の解決による一三七万人、四〇〇〇億円の年金の回復、介護職員や障害者施設職員の賃金引上げ、障害者の福祉サービスの無料化、父子家庭の児童扶養手当の創設、生活保護の母子加算の復活、労働者派遣法改正、労働契約法改正、求職者支援法の創設など、政権交代により大幅に「人への投資」を充実させ、社会のセーフティネットを強化しました。すべては、「一人でも自殺に追い込まれる人を減らしたい！」「命を守る政治を実現したい！」という祈りを込めて行いました。

私たちは、公共事業による従来型の景気対策ではなく、今述べた様々な現金給付により国民の可処分所得を増やし、暮らしを豊かにする政策を行いました。デフレで賃金が下がる中、子ども手当の増額、対象拡大や高校授業料無償化、社会保障の充実などにより可処分所得を上げることは非常に重要でした。

自殺対策基本法に基づく二〇〇九年度にスタートした地域自殺対策緊急強化交付金による取り組みなどとの相乗効果で、「人への投資」を大幅に増やした時期に、自殺者が年々減り、二〇一二年には、一五年ぶりに年間自殺者が三万人を切りま

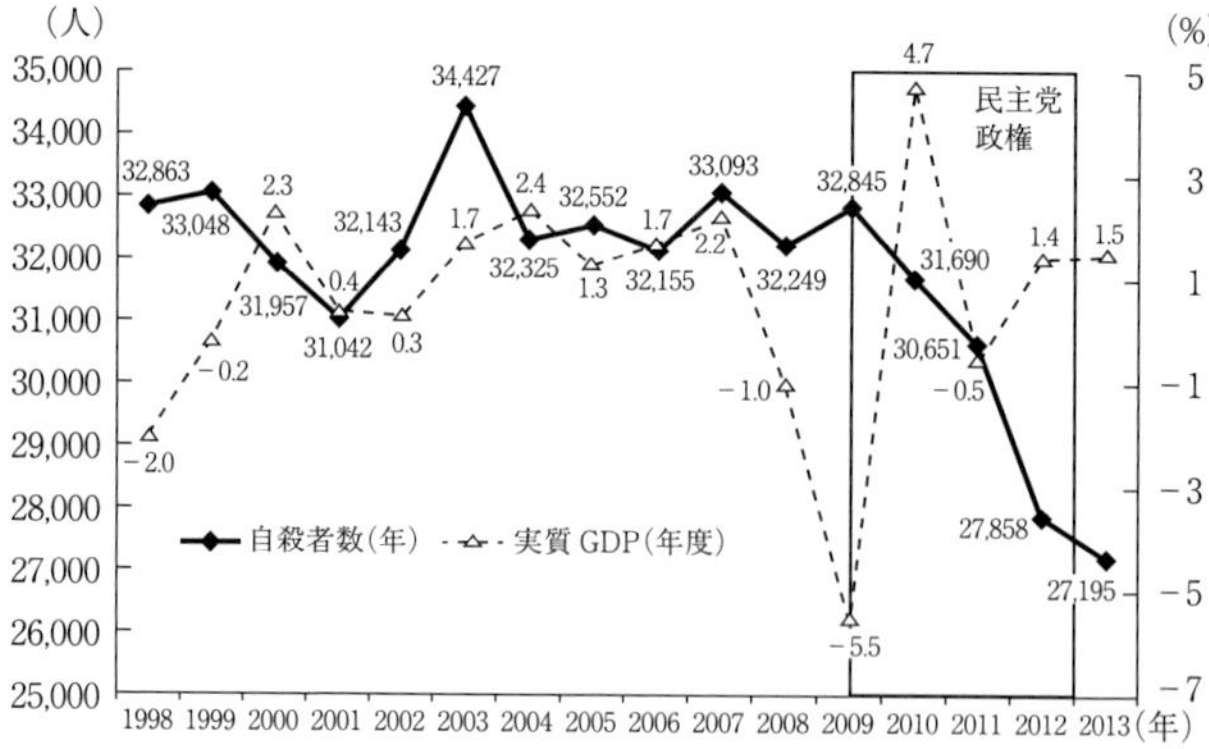

資料6-1　自殺者と実質経済成長率の推移

▷1997年以来、2012年に15年ぶりに自殺者は3万人を下回りました。一方、景気回復期に自殺者が増えたこともあります。

出所：警察庁資料および内閣府資料より山井和則事務所作成。

した。二〇〇九年に年三万二八四五人だった自殺者が、二〇一二年には年二万七八五八人に減りました。

もちろん、自殺者の減少はどの政策が有効であったかという因果関係の証明は不可能ですが、自殺対策基本法に基づく施策の充実による効果が非常に大きかったと思います。失業者が減ったことなども一因と思われます。同時に、「人への投資」を大幅に増やした予算配分の変更も自殺者減少の原因の一つだと私は思います。

景気回復だけでは、命は守れない？――「トリクルダウン理論」の限界

一方、二〇〇二年、二〇〇三年の時期においては、経済成長率は伸び、景気は回復しましたが、逆に自殺者は増えました。

具体的な自殺者の推移は、資料6-1の通りですが、一九九九年は三万三〇四八人。二〇〇〇年は、三万一九五七人。二〇〇一年は三万一〇四二人。二〇〇二年は三万二一四三人。二〇〇三年は三万四四二七人。二〇〇四年は三万二三二五人。二〇〇五年は三万二五五二人。二〇〇六年は三万二一五五人。二〇〇七年は、三万三〇九三人。二〇〇八年は、三万二二四九人。民主党政権に九月になった二〇〇九年は三万二八四五人。二〇一〇年は、三万一六九〇人（前年より一一五五人減）。二〇一一年は、三万六五一人（同一〇三九人減）。二〇一二年は、二万七八五八人（同二七九三人減）。自民党政権に戻った二〇一三年は、二万七一九五

人（同六六三人減）。つまり、年三万四四二七人台という最も多い自殺者は、景気の回復期でした。

ではここ数年、自殺者が大幅に減ったのはなぜでしょうか？　それは、見かけの景気回復と自殺者減少は、単純な相関関係にはないことを意味するのではないでしょうか。もちろん、景気回復は非常に重要ですが、それと共に、予算の配分、つまり、自殺対策や社会保障や貧困対策、教育に予算を多く配分する、国民の生活を直接応援することが自殺者を減らす、命を守ることにつながる。このことを、ここ数年の自殺者の減少は示しているのではないでしょうか？

さらに詳しく見ると、実質経済成長率が大きく改善した二〇〇一年度（マイナス〇・四％）から二〇〇三年度（一・七％）にかけて、自殺者数も年三万一〇四二人（二〇〇一年）から三万四四二七人（二〇〇三年）へと三三八五人も急増しています。景気回復に比例して、逆に自殺者が増えました。

いわゆる「トリクルダウン理論」、つまり、「裕福な方々や大企業がより豊かになれば、その豊かさがこぼれ落ち、自動的に弱者や貧困な方々も豊かになる」というわけではないのです。人の命を救うには、景気回復と共に「人への投資」の予算を充実させることが必要です。

もちろん、予算やお金を増やすだけで、簡単に人の命を救える、自殺者を減らせるわけではありません。社会保障や貧困対策の予算を増やし、制度を充実させることにより、弱い立場の方々に対して、「国や自治体は皆さんを応援している」

というメッセージを送ることが大切と考えます。それが弱い立場の方々の生きる意欲に微妙につながるのではないでしょうか？

さらに、国民にそのようなメッセージを伝え、予算を増やすには、財源が必要です。社会保障充実には、新たな財源がいるわけですが、それは他の予算を削って社会保障に回すか、増税や保険料のアップなどにより、新たな財源を確保するしかありません。その意味では、社会保障充実の議論は、予算配分をどのような優先順位で行うか、いかにして新たな財源を確保するのか、という議論につながります。

消費税増税分は全額、社会保障に使うべき——国民との約束を守るべき

そんな中で官僚と政治家の役割は、どう違うでしょうか？

厚生労働大臣政務官を一年務めて改めて痛感したのは、厚労省独自の判断では財源をほとんど左右できず、財務省の了解を得なければ、ある程度の規模の予算は動かせない、ということです。厚労省は立場が弱いのです。また、社会保障の充実の前に立ちはだかる財務省は厚い壁ですが、財源に限りがある以上財務省が盾となって予算を厳しく査定、チェックするのはやむを得ないことです（資料6-2）。そんな中、国家を安定的に運営していく上で、官僚や官僚組織は優秀で経験豊富です。しかし、方針を大転換する時には、大臣や副大臣、政務官のリーダーシップが大変重要になります。官僚の立場からすれば、自分の部署の前任者や

資料 6-2　増える国の借金（公債残高）

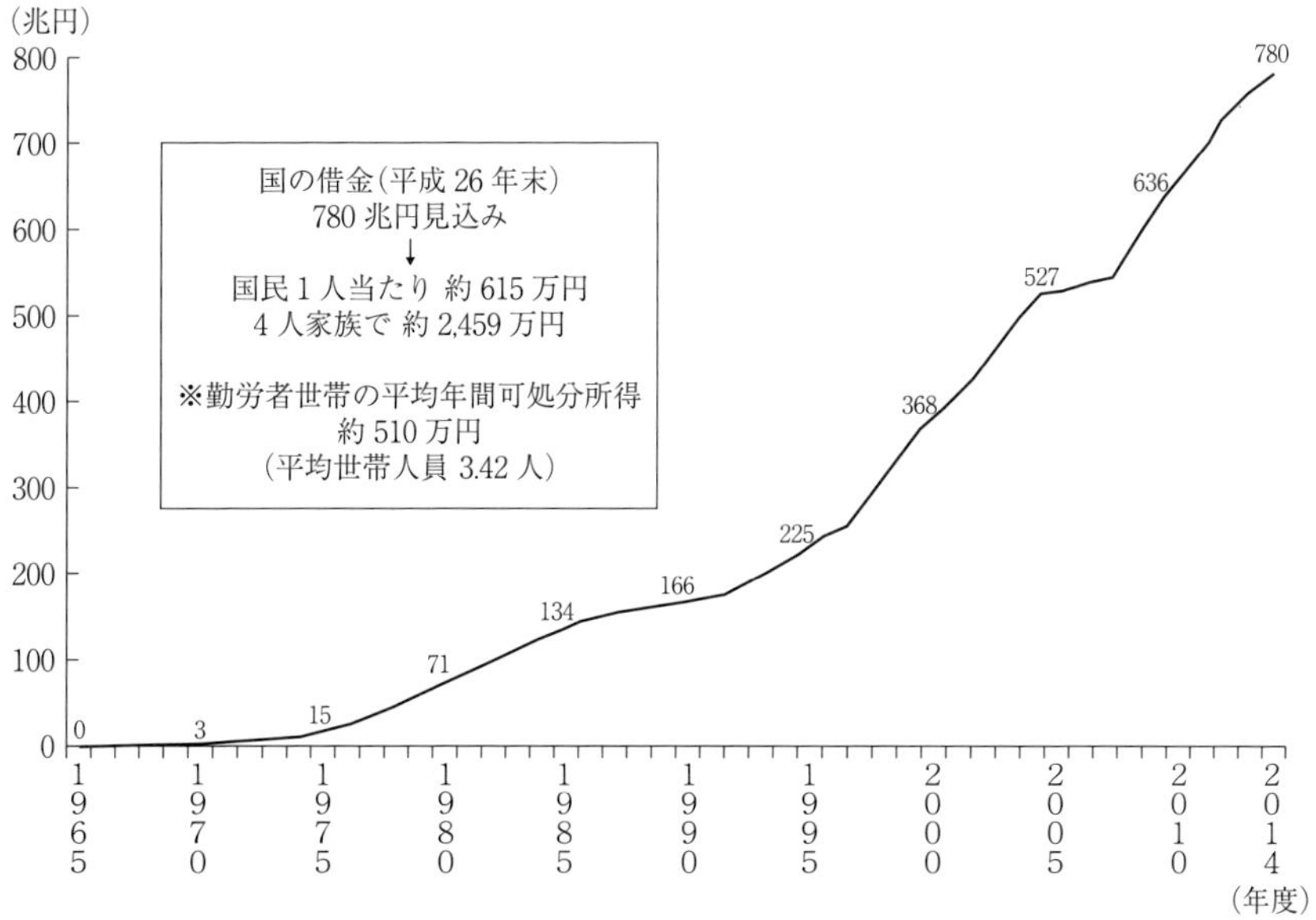

▷国債に借入金、政府短期証券の残高を合計した「国の借金」は 1000 兆円を越えました（2014 年 6 月）。
出所：財務省資料。

上司が推進してきた政策を一八〇度、方向転換することは不可能です。

社会保障を充実させたいなら予算の優先順位をどのようにつけるのか、どの予算を削るのかという、財源探しこそが政治家の責務です。さらにそれができない場合は増税や保険料アップにより、新たな財源を確保するのが政治家の役割です。

新たな恒久財源を確保せずにあるいは削減する施策を言わずに、ただ単に社会保障の充実を主張するだけでは、話は前には進みません。そこで、私たちは、消費税を一〇％に引き上げるという苦渋の決断をしました。恒久財源を確保せずに、社会保障の充実、維持を主張するのは無責任だと考えたからです。さらに私は超高齢社会において、社会保障のレベルを維持するには、防災対策以外の景気対策の公共事業を抑制するのはやむを得ないと考えます。

「公共事業は基本的に一年か数年単位だが、社会保障は、一〇年二〇年三〇年先までずっと続く予算だから、公共事業を削った財源を社会保障に回すと

資料6-3　社会保障分野の総波及効果

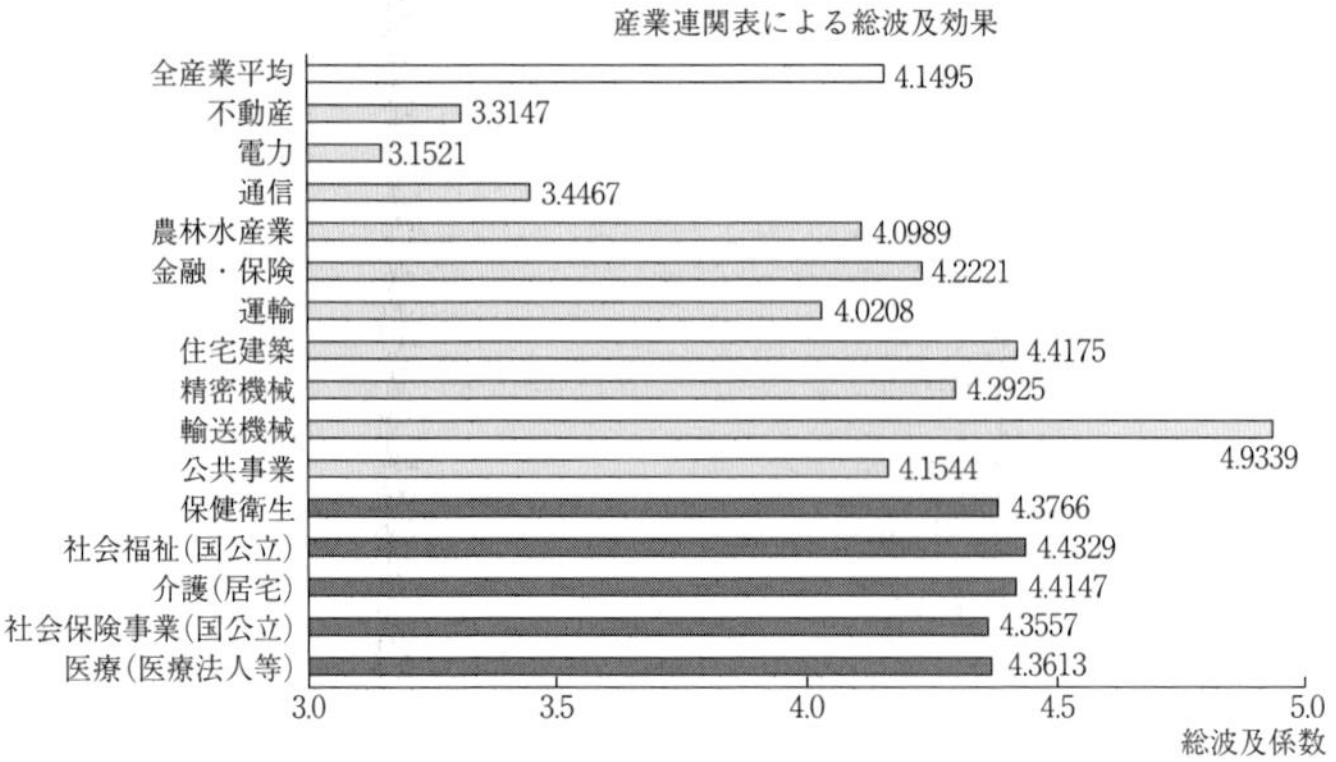

▷医療や介護の波及効果は公共事業より高い。

資料：財団法人医療経済研究・社会保健福祉協会医療経済研究機構「医療と介護・福祉の産業連関に関する分析研究」(2010年) より厚生労働省政策統括官付社会保障担当参事官室作成。

出所：『平成22年版厚生労働白書』より山井和則事務所作成。

いうのでは、財源の確保にならない」という意見があります。一理はあります。

しかし最近では、景気対策や国土強靱化の名のもとに、公共事業予算も何十年ものも長期に及ぶものも多く、社会保障予算よりも公共事業予算の方が短期的だと必ずしも言い切れません。その意味では、高齢化率が世界一高い日本においては、限られた財源を、公共事業よりも、社会保障に重点配分するという考えが必要です。もちろん、災害対策としての公共事業の重要性も私は近年ますます痛感しています。ですから、財源が十分にあるなら、「公共事業も社会保障も両方」と言いたいところですが、限られた財源の中、財政再建も待ったなしの現状では、社会保障を重視せざるを得ないと思います。

消費税増税への国民の反対が根強い中、国民の理解を得る唯一の方法が、事実上の「社会保障目的税化」でした。ですから、私たちは、消費税の増税分は全額社会保障に使うと約束しました。しかし、自民党政権になり、現状では、お金に色はついていないので、景気対策などの名目で、公共事業予算が大幅に増やされ、結果的には、消費税増税が公共事業に流用される形になっています。これでは、消費税増税分は全額、社会保障に使われていることにはなりません。今の状況では、いくら「八%への消費税増税分は全額、社会保障に使っています」と、政府が強弁しても、実際には、消費税増税とセットで全国で公共事業が増え、一方では社会保障がカットされているのは、国民の目から見ても明らかです。実際、消費税八％への増税による増収五兆円（年）のうち、社会保障の充実に使われたのは五〇〇〇億円（年）に過ぎません。「消費税増税は、社会保障の充実と維持、安定化のため」と国民に約束した以上、それを守らないと今後さらに高齢化が進む中で、さらなる消費税の引き上げに国民はノーと言うでしょう。そうなれば、社会保障の財源が確保できなくなり、結果的に、日本の将来はピンチになります。

さらに公共事業予算を増やす一方、社会保障のカットにより生活に不安が高まれば、消費を鈍らせ結果的には、景気回復の足を引っ張ります。「公共事業は景気対策に有効。社会保障は景気回復のお荷物」という発想は、時代遅れです。実際、雇用創出効果や経済波及効果は、公共事業よりも医療や介護のほうが大きいのです（資料6-3）。社会保障や雇用の安心が実現することにより、消費も活発化し、真の景気回復が実現できます。

2 「世界一、人を大切にする国・日本」にしたい

社会保障に強い政治家が少なすぎる

松下政経塾の塾長であった松下幸之助塾長は、「地元のことだけでなく、国会議員は、せめて半分は国全体のことを考えよ。官僚としっかり政策議論ができ、現場を知っている政治家になれ」と言っておられました。

今後、世界一の高齢化が進む日本。一方で、子どもの貧困や格差が拡大する中で、社会保障に強い政治家を増やすのは「時代の要請」です。限られた財源の中で、財政再建も進めながら、同時に、安心できる日本を創るには、公共事業と社会保障の予算のバランスをどうするのか？　限られた財源で最も効果的な社会保障を実現するプロの政治家が今こそ必要です。

世界一の高齢社会に突入した日本で、限られた財源の中で、公共事業を三二％カットし、社会保障予算を一六％増やし、教育予算を九％増やしたという民主党政権の予算配分の理念は間違っていませんでした。しかし、自民党政権に戻り、消費税増税を八％にしたにもかかわらず、社会保障の充実は実感できません。一方では、復興特別法人税の廃止前倒しという事実上の法人減税（八〇〇〇億円）

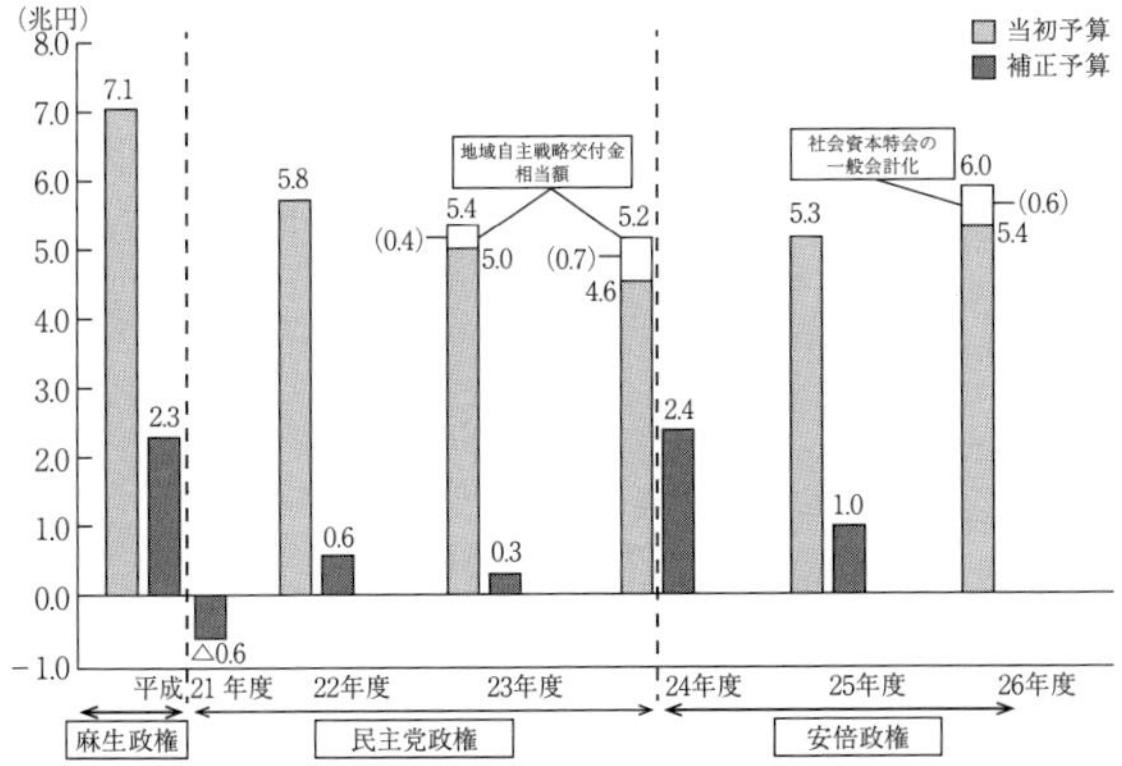

資料6-4　公共事業関係費の推移（東日本大震災関係経費を除く一般会計ベース）

▷民主党政権から安倍政権になり、公共事業は年５兆円から年７兆円へと約２兆円（年）増えました。（当初予算と補正予算の合計）。

出所：政府資料。

や、国土強靭化という掛け声のもと、公共事業予算が年五兆円だったのが年七兆円に大幅に増えています（資料6-4）。全国で公共事業が増えた結果、震災復興にブレーキがかかっているのは問題です。「一時的な景気対策としての公共事業」と言いながら、一〇年、二〇年とずっと続けて、借金を増やしてきたのが今の日本です。

その意味では、「恒久財源が必要な社会保障より、短期的に公共事業で景気対策」という理屈は正しくありません。改めて、消費税増税のこの時期に、公共事業予算は抑え、社会保障予算を増やして、可能な限り社会保障のレベルは維持する、という方向を明確にすべきです。社会保障予算は、高齢者が増えることなどにより、毎年一兆円、自然に増加します。限られた財源で、公共事業をより重視するか、社会保障をより重視するか？　を考えれば、世界一の高齢社会・日本においては、社会保障をより重視せざるを得ないのは明らかです。

もちろん、災害対策などの観点からみて公共事業も大切です。私も社会保障のみならず、地元の公共事業のためには熱心に取り組みました。ある程度、公共事業優先の政治家がいてもよいですが、今は公共事業中心の議員が多すぎて、社会保障に強い議員が少なく、バランスを欠いています。

毎回、選挙の時の私の意地は「福祉の山井」が小選挙区で勝てないと、社会保障に強い国会議員が後に続かない、という点にあります。三〇〇小選挙区の中、京都六区で「福祉の山井」が当選し続けることで、今後、社会保障をライフワークとする国会議員が増えることになる、という意地です。私が落選したら、必ず「山井は、福祉、福祉と言っていたから落選した」と言われます。それではダメです。「社会保障をライフワークとしているからこそ、山井は当選できた」と言われないと、社会保障に強い国会議員は増えません。

私が三三歳で奈良女子大学の専任講師を辞めて、政治活動を始めた際に、「福祉を国会でやりたい。福祉に強い政治家が国会に少ない」と言ったところ、ある政治学者の教授は、「山井の気持ちはわかるが、福祉最優先の訴えでは日本の小選挙区制の衆議院選挙には勝てない。もし、山井が当選したら、私は政治学の教科書を書き直すよ」と笑いながら、励ましてくださいました。

松下幸之助塾長は、「政治を正すのは、良識ある有権者と、志ある政治家の共同作業である」と、おっしゃいました。最も政治の力を必要とする人々は、最も政治から遠いところにいます。その方々のもとに歩み寄り、寄り添い、その方々の声なき声を代弁することが、政治家としての最大の責務です。政治は弱い者のためにあります。

何のための消費税増税なのか？

さる六月二四日に安倍政権は、成長戦略として、法人税減税や年金積立金運用基金の年金保険料の株式投資の比率引き上げ、残業代ゼロ制度、解雇の金銭解決などを提案しました。「世界一企業が活動しやすい国を目指す」という考えです。

しかし、この成長戦略は、あくまでも「企業にとっての」成長戦略であり、株価つり上げ策に過ぎません。それが国民の幸せにつながるかは疑問です。

まず、法人税減税は、税率を数年以内に二〇％台に下げる目標ですが、その財源は年二・五兆円かかります。国民に消費増税を求める一方で、同時に、消費税一％分（約二・五兆円）を法人減税することは国民の理解は得られません。また、法人税減税は黒字の三割の企業にしか恩恵がない上に、減税分が必ずしも賃上げや雇用の拡大、国内の設備投資に回るかは疑問です。黒字企業の内部留保がますます積み上がる結果になりかねません。

さらに、法人税減税の代替財源として、赤字企業も含めた中小企業の外形標準課税やＮＰＯへの増税など幅広い増税が検討されています。八％、一〇％への消費税増税に苦しむ赤字の中小企業などに、法人税減税のために増税を強いるのは間違っています。

もし、代替財源が確保できないまま、法人税減税を行うのであれば、事実上、消費税一％の増収分がそのまま法人税減税の財源になる形になります。

また、年金積立金運用基金の一三〇兆円の国民の年金保険料をさらに株式投資することは、株価対策にはなるでしょうが、リスクを高める政策で、株が大幅に下がった場合には、年金の引き下げにつながりかねません。国民の老後の安心の命綱である年金保険料の積立金を目先の株価対策に流用するのは間違っています。株が大幅に下落したときに、責任のとりようがないリスクを高める政策を行うのは、無責任です。

さらに、残業代ゼロ政策や解雇の金銭解決制度の導入は、企業にはメリットがあるかもしれませんが、労働者にとっては雇用の不安を高める政策です。加えて、自民党政権が提出した労働者派遣法改正案は、派遣労働者を増やし、一生、派遣で働かざるを得ない若者を増やす政策であり、明らかに間違った方向性です。

今回の成長戦略により、日本社会は弱肉強食で、ますます格差が広がる心配があります。

民主党が政権交代により行った政策は、一部の大企業や公共事業を支援するものではなく、生活者を幅広く支援する政策でした。バラマキとの批判も受けましたが、中学三年までの児童手当の拡大（子ども手当）や、高校授業料の無償化、雇用のセーフティーネットや貧困対策、自殺対策のきめ細かい充実、医療予算の大幅増などは、国民の暮らしを底上げし、格差を縮小し、分厚い中間層を支える政策でした。そのような「人への投資」によるセーフティーネットの充実と共に、自殺対策基本法に基づく国と自治体のきめ細かな自殺対策が、自殺者減少にもつながったと思います。そして、それらの政策をさらに充実、維持するために、苦渋の選択で消費税増税を決断しました。

これらの政策の中には、自民党政権になっても継承されているものも多くありますが、しかし、再び公共事業予算を年二兆円増やし、法人税減税や株価対策を最優先にし、一方では、介護サービスをカットし、医療の診療報酬も実質引き下

資料6-5　高齢化率の推移と予測

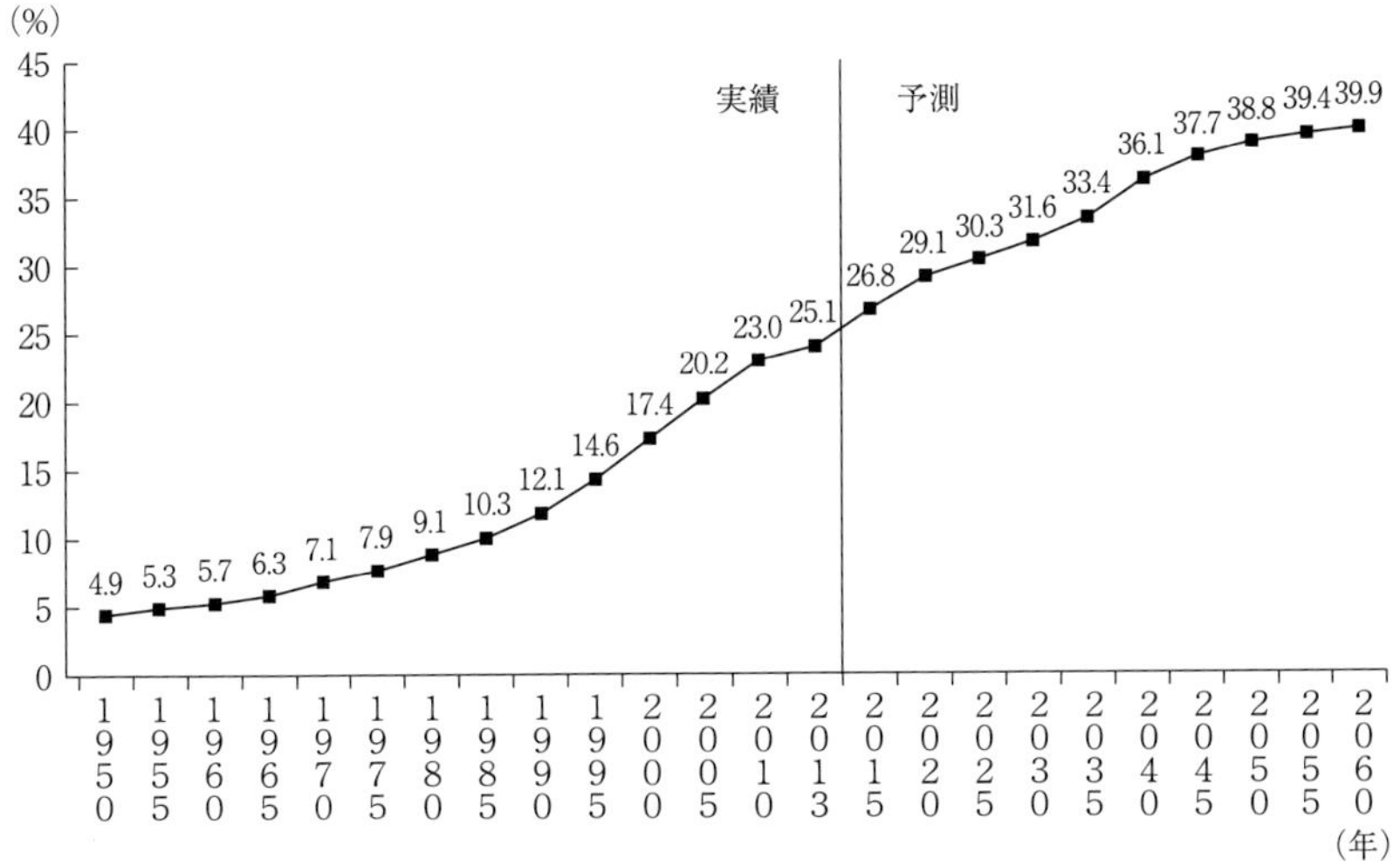

出所：政府資料。

げ。これは消費税増税の理念、つまり、「薄く広く負担して、少子高齢社会における子育て支援や医療・年金・介護の安心感を高め、財政健全化も同時にはかる」、に反していると言わざるを得ません。

「世界一、人を大切にする国・日本」にしたい

私が二〇年前にスウェーデンに二年間留学していた頃、日本から多くの視察者がスウェーデンを訪問していました。当時は、スウェーデンの六五歳以上の高齢化率は一八％で世界一。日本は一五％の高齢化率でした。しかし、今では日本は二五％の高齢化率でダントツの世界一。スウェーデンは子育て支援の充実や移民受け入れ政策により子どもが増え、高齢化率は一七％。つまり、立場は逆転し、今や日本が世界の高齢社会のモデルを示す責任があるのです（資料6-5）。

特に日本では今、戦争を経て戦後の貧しい日本から今日の豊かで平和な日本を築いていた戦争世代の方々が高齢者になっておられます。その方々を敬い、世界一幸せな老後を送ってもらえるようにする。同時に、子どもたちが幸せに暮らせる社会をつくるのが、私たち政治家の使命です。

私がスウェーデンに留学していた当時は円高で、日本は景気が良く、日本人はエコノミックアニマルと批判されていました。しかし、私は、日本人ほど平和を愛し、人間を大切にする国民はいないと思います。高齢者だけでなく、子どもたちや、若者、一人ひとりの人間を世界一大切にする国、日本。高齢化が進み、財政も厳しいが知恵を絞り活力を失わずに、世界一の高齢社会を豊かに乗り切る日本。そんな世界のモデルになる「世界一、人を大切にする国・日本」「世界一、平和を愛する国・日本」を創るのが私の夢であり、日本の歴史的使命です。

政治は「無償の愛」

政治は「無償の愛」の実践です。ひたすら国民や弱者の幸せを祈り、片思いかもしれないけれど、自己満足と言われようが、ひたすらに献身する。「尽くして尽くして尽くし抜く」のが政治家の使命です。

自己満足とお叱りを受けるかもしれませんが、本書で述べたように私は政治家になったからできたこと、政権交代したからこそ実現したことが多かったと思うのです。政治家として働かせて頂いていることに感謝します。

この本をお読み頂いて、「政治は大事だ」「政治で社会保障は変えられる」と、少しでも政治の可能性を感じて頂ければ、これほどの喜びはありません。

政治の世界には、「政治イズ（is）道路」「道路イズ（is）政治」。つまり、政治にとって道路予算が一番重要だという意味の言葉があります。しかし、私にすれば、「政治イズ（is）福祉」「福祉イズ（is）政治」です。

これからも同苦の心、同悲の心を持って、苦しむ方々、悲しむ方々に寄り添う気持ちを忘れずに、国会で戦います。

私は二七歳の時に、インドのカルカッタの貧しい地域にある「死を待つ人の家」という路上で倒れた貧者を収容する施設で、短期間ボランティアをしたことがあります。その施設の責任者であるマザー・テレサ（ノーベル平和賞を受賞）の「神に仕えることは、カルカッタの最も貧しい人達の中にこそある」という言葉に私は感銘を受けました。国会から最も遠いところにおられる貧者や弱者に奉仕する「人を大切にする」政治家で私はありたい。

拙い本書を最後までお読みくださり、本当に有難うございました。

あとがき

学生時代の児童福祉施設「母子寮」でのボランティアや祖母が長年の寝たきりの末に亡くなったことにより、福祉に人生を賭けたいという思いで、私は二四歳の時に、松下政経塾の門を叩きました。そして、松下政経塾生として、日本や世界の老人ホームで実習し、その後スウェーデンに二年間留学。そのスウェーデン留学時に書いたのが、『スウェーデン発　住んでみた高齢社会』（山井和則著、ミネルヴァ書房、一九九三年）、『スウェーデン発　高齢社会と地方分権』（山井和則・斉藤弥生著、ミネルヴァ書房、一九九四年）の二冊で、共にミネルヴァ書房から出版して頂きました。そして、本に書くだけでなく、実際に本に書いたことを日本で実現したい、という思いで、私は一九九五年九月一五日（敬老の日）に政治活動を始め、一九九六年に衆議院選挙に立候補しました。最初の選挙は落選しましたが、二度目の選挙で当選。以来、当選五期で、今年（二〇一四年）で議員生活も一五年目に入ります。

そんな二〇一四年一月六日。偶然に二〇年ぶりにミネルヴァ書房の杉田啓三社長と再会しました。二〇年前に二冊の拙著を世に出してくださったのが、当時の杉田編集部長でした。会うなり、杉田社長は、次のように私に言われました。

「山井さん、本を書きませんか。山井さんには、この一五年間、議員としてできたこと、できなかったことを書く責任があります。国会で福祉や社会保障がどのように議論されたのか、政治で社会保障がどのように変わったのか、変わっていないのか。一般の国民にはほとんどわかりません。たとえば、子ども貧困対策法が昨年成立したが、なぜ成立したのか。そのような国会の実情を書けるのは山井さんしかいません。もし、山井さんが書かなかったら、この間の福祉や社会保障の国会議論での内幕、実態は永遠にわからないままになってしまう。山井さんには、近年の国会での議論を書き残し、歴史に残す責任があるのではないでしょうか」と。

若輩であることを顧みず、私個人としては十分な実績があるわけでもないのですが、杉田社長の有難いお誘いに甘えて、本を書かせていただくことにしました。私は、岩波新書から『体験ルポ　世界の高齢者福祉』（山井和則著、一九九一年）を二三年前に出版しましたが、今回の本は、「体験ルポ　政治で社会保障はどう変わったか?」とも言うべき本です。

国会議員も、誰もが選挙の時は、福祉を連呼します。しかし、「福祉もやります!」でなく、「福祉を最優先でやります!」、「福祉をやりたいから国会議員になる」という政治家は少ないように思います。また、福祉が旗印では、なかなか国政選挙に勝てないのも事実です。私の選挙区である京都六区のみならず全国の福祉関係者からカンパも頂き、二〇年間支えて頂き、この一五年間、衆議院議員をさせていただきました。このことを感謝の気持ちを込めて報告することが、必要だと感じました。

この本を読まれて、「やはり、政治家は社会保障を変えられない！」と失望されるのか。あるいは、「政治の力で社会保障をここまで変えられるのか！」と、希望を持たれるのか？

「政治で社会保障は変えられる！」という希望を少しでも持っていただけたとしたら、これほどうれしいことはありません。

なお、私が今日まで議員を続けることができたもう一つの理由は、社会保障のみならず、地元のためにも人一倍、仕事をさせて頂いたからだと思います。その部分については、本書では書いてはいません。

母子寮で子どもたちと遊び、老人ホームで実習をする中で政治を志した二十数年前を振り返った時、政治家になって少しは世の中の福祉の向上のために貢献できたかな？　という思いはごく一部で、遅々として福祉は進んでいないという反省が大部分です。何よりも福祉の充実には、財源が必要です。苦渋の決断で八%、一〇%への消費増税を決めた以上、しっかりその増収分を全額、社会保障に使い、社会保障が充実・維持できるようにするのが私の責務です。

また、再び野党になった今は、これから社会保障をどう充実させるかというよりは、いかに今後の社会保障のカットや負担増にブレーキをかけるかが、私の仕事です。年金、医療、介護、子育て支援、雇用、障害者福祉など、今後、給付カットと自己負担アップが次々と提案されるでしょうが、社会保障を守る防波堤として働き続けたいと思います。

なお、本書の中で、厚生労働省や財務省の官僚の方々を批判するような記述もあったかとは思いますが、振り返ってみれば、多くのマニフェストが実現できたのは、縁の下の力持ちである有能な官僚の方々のおかげです。

最後になりますが、政治活動に入って以来二〇年間、私を支えてくださった方々、私のチラシや国会ニュースの地域への配布、封入作業やポスター貼りを手伝ってくださっているボランティアの方々、私に個人カンパをくださったのべ一万七七八五人の方々にお礼を申し上げます。本書に書いたことは、私個人でなく私の支持者の方々の実績です。素晴らしい支持者、ボランティアの方々、自治体議員の方々に、この一度しかない人生で出会えたことは、私の人生最大の幸せです。

また、留学時を含めて、スウェーデンの政治と社会保障についてご指導頂いた岡澤憲芙先生（早稲田大学教授）や、松下政経塾時代から高齢者福祉のフィールドワークの大切さをご指導頂いた福岡政行先生（白鷗大学教授）のおかげで、今日まで、研究活動、政治活動を続けることができました。

お一人おひとりの名前はあげられませんが、代表として、元後援会長の故・三浦俊良先生（元洛南高校学校長）、前後援会長の冨田基雄先生・笙子さんご夫妻、現後援会長の虎頭祐正先生・節子さんご夫妻（洛南高校三年間の担任教師、宗教の先生）に感謝申し上げます。

本書に書いた内容は、多くの先輩・同僚議員との共同作業で実現した内容ばかりです。関係議員の名前をあげればキリがなく、名前が多すぎて読みにくくなるので、議員の名前はほとんど書いていません。何か山井が一人で仕事をしたような、自画自賛の自慢の本と思われるかもしれません。改めてお詫びします。

特に、当選同期（五期、一五年目）の同志で、厚生労働大臣政務官として支えさせて頂いた長妻昭衆議院議員（元厚生労働大臣）には、お礼を申し上げたい。長妻さんとの出会いなくしては、長妻大臣から政務官に任命されていなかったら、本書に書いたことの大部分は実現できませんでした。政権交代も実現していなかったかもしれません。長妻さんとの運命の出会いに感謝します。

加えて、素晴らしいリーダーシップを発揮された長妻大臣のもと一緒に仕事をした細川律夫副大臣、長浜博行副大臣、足立信也政務官（いずれも当時）の素晴らしい働きや、私の雇用・労働政策の師匠である津田弥太郎参議院議員、政務官当時、私を日夜、献身的にサポートしてくれた政務官室のスタッフの力、民主党政策調査会の歴代の厚生労働担当スタッフの坂上直子さん、安田彰徳さん、ハーバーマイヤー乃里子さん、勝浦博之さん、守田幸子さん、美濃部卓也さんの力によって、本書に書いた多くの仕事が実現できました。

また、私が政治活動に入って以来二〇年間、京都事務所、国会事務所のスタッフとしてバトンタッチをしながら順番に私を支えてくださった須永英一さん、東恭弘さん、政田健治さん、宮川光太郎さん、古田篤司さん、上村崇さん、西澤真紀さん、高林實結樹さん、戎谷芳子さん、宮本薫さん、宮田康則さん、伊藤由美さん、伊藤伸さん、吉田沙耶香さん、嶋本香代子さん、降旗仁美さん、酒井常雄さん、海野仁志さん、関根眞理子さん、宮内なおみさん、安藤明子さん、上田理人さん、仲長武男さん、近澤貴徳さん、野口浩さん、そして、現在の事務所スタッフである木村博さん、宮地俊之さん、田中良典さん、山下恵理子さん、吉澤直樹さん、倉田亜希さんという「京都六区から日本の福祉を変えよう！」「日本一の福祉の国会事務所にしよう！」という同じ志を持つスタッフの献身的な働きがなければ、本書に書いた仕事をすることはできませんでした。脚光を浴びる政治家とは違い、縁の下の力持ちとして地道に黙々と私を支えてくれている事務所スタッフは私にとっては家族のような存在であり、いくらお礼を言っても足りません。

結びにあたり、私の心の支えである両親、山井武夫・美代子と、義理の母である斉藤君子、そして、福祉を良くする同志である妻・斉藤弥生に感謝しつつ、本書を終わらせて頂きます。

合掌

二〇一四年七月

山井和則

《著者紹介》

山井　和則（やまのい　かずのり）

1962年　1月6日生まれ

1986年　京都大学大学院工学研究科（工業化学専攻）修了

1986-1991年　（財）松下政経塾にて政治と高齢者福祉などを研究

1991年　スウェーデン・シグフリッド国民高等学校に留学

1992-1993年　スウェーデン国立ルンド大学社会学部で高齢者福祉の論文を執筆

1995年　奈良女子大学生活環境学部専任講師

1996年　衆議院選挙（京都6区）に初挑戦。惜敗

1997年　立命館大学政策科学部講師

2000年から現在　衆議院議員（京都6区，5期目）

2009-2010年　厚生労働大臣政務官

2012年　民主党国会対策委員長

2013年～　民主党厚生労働部門会議座長

主著：『体験ルポ　世界の高齢者福祉』（岩波新書，1991年）

　『体験ルポ　日本の高齢者福祉』（共著，岩波新書，1994年）

　『スウェーデン発　住んでみた高齢社会』（ミネルヴァ書房，1993年）

　『スウェーデン発　高齢社会と地方分権』（共著，ミネルヴァ書房，1994年）

　『家族を幸せにする老い方』（講談社，1995年）他多数。

※フェイスブック，ツイッター，メルマガ，ホームページで活動報告をしています。

　ご覧頂ければ幸いです。

　フェイスブック　facebook.com/yamanoikazunori

　ツイッター　twitter.com/yamanoikazunori

　ホームページ　www.yamanoi.net

政治はどこまで社会保障を変えられるのか
——政権交代でわかった政策決定の舞台裏——

2014年10月10日　初版第1刷発行　〈検印省略〉

定価はカバーに
表示しています

著　者　山　井　和　則
発行者　杉　田　啓　三
印刷者　田　中　雅　博

発行所　株式会社　ミネルヴァ書房
607-8494　京都市山科区日ノ岡堤谷町1
電話代表（075）581-5191
振替口座　01020-0-8076

創栄図書印刷・清水製本

ISBN978-4-623-07121-0
Printed in Japan